Inhaltsverzeichnis

Hinweise zur Arbeit mit den Kopiervorlagen

Denk- und Arbeitsweisen in der Physik
Blatt 1:   Beschreiben und Erklären
Blatt 2:   Begründen
Blatt 3:   Arbeiten mit Modellen
Blatt 4:   Anwenden der experimentellen Methode
Blatt 5:   Arbeiten mit Diagrammen
Blatt 6:   Lösen physikalisch-mathematischer Aufgaben

Einfache Stromkreise
Blatt 7:   Sicherheit bei Experimenten mit elektrischem Strom
Blatt 8:   Schaltzeichen und Schaltpläne
Blatt 9:   Einfache Stromkreise
Blatt 10: Reihen- und Parallelschaltung
Blatt 11: Wirkungen des elektrischen Stroms
Blatt 12: Leiter und Isolator
Blatt 13: Sicherheit im Alltag beim Umgang mit elektrischem Strom

Elektrostatik
Blatt 14: Ladungstrennung durch Reibung
Blatt 15: Die elektrische Ladung
Blatt 16: Elektronenüberschuss und Elektronenmangel
Blatt 17: Kräfte zwischen geladenen Körpern
Blatt 18: Influenz und Polarisation
Blatt 19: Elektrisches Feld und Feldlinien
Blatt 20: Verhalten bei Gewitter

Stromstärke, Spannung und Widerstand
Blatt 21: Strom und Stromstärke
Blatt 22: Die elektrische Stromstärke
Blatt 23: Spannungsquellen und ihre Schaltung
Blatt 24: Die elektrische Spannung
Blatt 25: Aufnahme von Kennlinien
Blatt 26: Der elektrische Widerstand
Blatt 27: Das ohmsche Gesetz
Blatt 28: Abhängigkeit des elektrischen Widerstands von der Leiterlänge
Blatt 29: Abhängigkeit des elektrischen Widerstands von der Querschnittsfläche
Blatt 30: Widerstand und spezifischer elektrischer Widerstand
Blatt 31: Der Widerstand als Bauteil
Blatt 32: Temperaturabhängigkeit eines Widerstands

Unverzweigte und verzweigte Stromkreise
Blatt 33: Stromstärke in unverzweigten Stromkreisen
Blatt 34: Stromstärke in verzweigten Stromkreisen
Blatt 35: Spannung in unverzweigten Stromkreisen
Blatt 36: Spannung in verzweigten Stromkreisen
Blatt 37: Widerstand in unverzweigten Stromkreisen
Blatt 38: Widerstand in verzweigten Stromkreisen
Blatt 39: Spannungsteiler

Energie, Leistung und Wirkungsgrad
Blatt 40: Die elektrische Leistung
Blatt 41: Leistungsaufnahme eines elektrischen Widerstands
Blatt 42: Energierechnung
Blatt 43: Elektrische Energie und Leistung
Blatt 44: Energie sparen
Blatt 45: Wirkungsgrad
Blatt 46: Größen – Einheiten – Gleichungen

Bildquellenverzeichnis
Adam Opel AG: 43/1; BackArts GmbH: 25/3, 25/4; Bosch: 25/2; Cornelsen Experimenta: 19/1, 19/2, 19/3, 25/5; Cornelsen Experimente GmbH: 19/5; Duden Paetec GmbH: 29/1; Fotolia/drx: 17/1, Fotolia/Fatman73: 25/1; Griesche, C., Mekkenheim: 45/2; Helsinki City Tourist Office, Helsinki: 45/1; IStockphoto/T.Bercic: 45/3; G. Liesenberg: 15/1, 19/4; Metz-Werke GmbH & Co KG: 25/7; Meyer, L., Potsdam: 87/1, 87/2; Osram GmbH: 25/8; Photo Disc Inc.: 83/1; SCHOTT, Mainz: 25/6; Vogt, Patrik, Landau: 65/1

Hinweise zur Arbeit mit den Kopiervorlagen

Die vorliegenden Kopiervorlagen enthalten Aufgabenblätter zu den Themen
- Denk- und Arbeitsweisen in der Physik,
- Einfache Stromkreise,
- Elektrostatik,
- Stromstärke, Spannung und Widerstand,
- Unverzweigte und verzweigte Stromkreise sowie
- Energie, Leistung und Wirkungsgrad.

Die Aufgabenblätter können im Physikunterricht der verschiedenen Klassenstufen und Schultypen sowie in Arbeitsgemeinschaften genutzt werden.

Das Aufgabenangebot orientiert sich am Kompetenzerwerb der Schülerinnen und Schüler. Es ermöglicht den Erwerb von fachbezogenen und prozessbezogenen Kompetenzen. Die Kopiervorlagen sind variantenreich gestaltet und bieten Aufgaben mit unterschiedlichem Anforderungsniveau, aber auch mit unterschiedlicher Anforderungsstruktur. Dadurch ist ein differenzierter Einsatz der Aufgaben möglich, und Schülerinnen und Schüler können individuell gefördert werden.

Die Formulierung der Aufgaben zielt auch auf eine Entwicklung der Sprachkompetenz ab. So werden bei Aufgabenstellungen bewusst solche Operatoren verwendet, die z. B. zum Beschreiben, Begründen, Erklären, Vergleichen oder Interpretieren auffordern.

Eine große Anzahl von Experimenten ermöglicht ein selbstständiges Experimentieren der Schüler im Unterricht. Kopiervorlagen dieser Art unterstützen einen handlungsorientierten und schülerbezogenen Unterricht. Einige der vorliegenden Experimente können auch als Hausexperimente durchgeführt werden. Je nach Aufgabenstellung sind die Anleitungen unterschiedlich ausführlich formuliert. Die ausführlichen Anleitungen orientieren sich an den Schritten Vorbereitung, Durchführung und Auswertung eines Experiments. Sie sind weitgehend einheitlich gestaltet. Beobachtungen und Messwerte können in Abhängigkeit vom Inhalt des Experiments im Schritt Durchführung in übersichtlicher Form erfasst werden (z. B. Messwertetabellen).

Die Kopiervorlagen geben Hilfe, Unterstützung und Anregungen für die Gestaltung des Unterrichts. Sie ergänzen das Aufgabenangebot in Lehrbüchern und methodischen Handreichungen. Im laufenden Unterricht können die Kopiervorlagen zur Übung, Wiederholung, Systematisierung und Festigung eingesetzt werden, sind aber auch bei der Vorbereitung der Schüler auf Leistungskontrollen und Prüfungen nützlich. Viele Experimente eignen sich zur selbstständigen Erarbeitung neuen Wissens.

Auf der Rückseite jedes Aufgabenblatts befinden sich die Lösungen der Aufgaben.

Die im vorliegenden Band enthaltenen Kopiervorlagen stehen auch als CD-ROM (ISBN 978-3-8355-3090-4) zur Verfügung. Der besondere Vorzug der CD-Rom besteht darin, dass die Kopiervorlagen dort auch als Word-Dokumente vorliegen. Bei Bedarf können sie verändert und den spezifischen Bedürfnissen und Bedingungen angepasst werden.

| Name: | Klasse: | Kopiervorlage | 1 |

Beschreiben und Erklären

Beim **Beschreiben** wird zusammenhängend und geordnet dargestellt, **wie** eine Erscheinung beschaffen ist oder wie ein Vorgang abläuft.
Beim **Erklären** wird dargestellt, **warum** eine Erscheinung oder ein Vorgang so und nicht anders auftritt. Die Erscheinung oder der Vorgang werden auf Gesetze zurückgeführt. Es wird dargestellt, wie das Gesetz wirkt. Auch Modelle können zum Erklären genutzt werden.

1. Metalle brennen nicht. Stimmt das? Zupfe ein wenig Stahlwolle auseinander! Lege sie auf eine feuerfeste Unterlage! Halte zunächst nur einen Pol und dann vorsichtig beide Pole einer 9 V-Flachbatterie an die Stahlwolle! Beschreibe und erkläre deine Beobachtungen!

Beschreibung:

_____

_____

_____

Erklärung:

_____

_____

_____

2. Drei gleiche Glühlampen sind an eine konstante Spannung angeschlossen. Welche Lampen brennen, entscheidet die Schalterstellung. Du kannst das Phänomen durch Überlegen oder in einem Experiment untersuchen. Beschreibe und erkläre die Zusammenhänge!
Tipp: Versuche, den Schaltplan einfacher darzustellen!

Beschreibung:

_____

_____

_____

_____

Erklärung:

_____

_____

_____

_____

_____

_____

Beschreiben und Erklären

Beim **Beschreiben** wird zusammenhängend und geordnet dargestellt, **wie** eine Erscheinung beschaffen ist oder wie ein Vorgang abläuft.
Beim **Erklären** wird dargestellt, **warum** eine Erscheinung oder ein Vorgang so und nicht anders auftritt. Die Erscheinung oder der Vorgang werden auf Gesetze zurückgeführt. Es wird dargestellt, wie das Gesetz wirkt. Auch Modelle können zum Erklären genutzt werden.

1. Metalle brennen nicht. Stimmt das? Zupfe ein wenig Stahlwolle auseinander! Lege sie auf eine feuerfeste Unterlage! Halte zunächst nur einen und dann vorsichtig beide Pole einer 9 V-Flachbatterie an die Stahlwolle! Beschreibe und erkläre deine Beobachtungen!

Beschreibung:

Berührt nur ein Pol die Stahlwolle, so geschieht nichts. Haben beide Pole Kontakt, beginnt die Stahlwolle sofort zu glühen. Nach kurzer Zeit entsteht eine Flamme.

Erklärung:

Die feinen Fäden der Stahlwolle leiten den elektrischen Strom. Kommen sie nur mit einem Pol in Berührung, kann kein Strom fließen, weil der Stromkreis nicht geschlossen ist. Berühren beide Pole die Stahlwolle, fließt durch die dünnen Fäden ein elektrischer Strom.
Aufgrund der Wärmewirkung des Stroms beginnen sie zu glühen. Durch die große Hitze und den Sauerstoff um die Fäden entsteht eine Flamme.

2. Drei gleiche Glühlampen sind an eine konstante Spannung angeschlossen. Welche Lampen brennen, entscheidet die Schalterstellung. Du kannst das Phänomen durch Überlegen oder in einem Experiment untersuchen. Beschreibe und erkläre die Zusammenhänge!
Tipp: Versuche, den Schaltplan einfacher darzustellen!

Beschreibung:

Sind beide Schalter geöffnet, leuchten alle Lampen.
Wird Schalter 1 geschlossen, gehen Lampe A und B aus.
Schließt man Schalter 2, erlöschen Lampe B und C.
Werden beide Schalter geschlossen, so leuchten wieder alle drei Lampen.

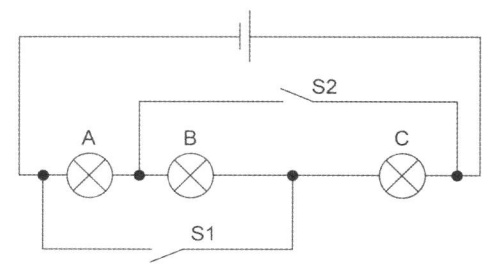

Erklärung:

Sind beide Schalter geöffnet, so fließt der Strom direkt durch alle Lampen. Wird Schalter 1 geschlossen, sind Lampe A und Lampe B kurzgeschlossen. Sie leuchten nicht. Der Strom fließt nur durch Lampe C. Ganz analog verhält es sich beim Schließen von Schalter 2. Sind beide Schalter geschlossen, leuchten ebenfalls alle drei Lampen. Durch vereinfachte Darstellung des Schaltplans erkennt man, dass die Lampen parallelgeschaltet sind. Im Experiment ist zu beobachten, dass bei geöffneten Schaltern die Lampen nicht so hell leuchten wie bei geschlossenen Schaltern.

| Name: | Klasse: | Kopiervorlage 2 |

Begründen

Beim **Begründen** werden **Argumente** angeführt, die zeigen, dass eine Aussage richtig bzw. falsch oder zweckmäßig bzw. unzweckmäßig ist. Solche Argumente können sein: Beobachtungen, Fakten, Zusammenhänge, Gesetze, Beispiele bzw. Gegenbeispiele, Eigenschaften von Körpern, Stoffen oder Lebewesen. Stützt sich eine Begründung auf Meinungen oder Ansichten von Personen, dann wird sie subjektiv.

1. Schnell mal in der Badewanne die Haare föhnen?
Das kann lebensgefährlich sein!
Begründe, weshalb man auf keinen Fall elektrische Geräte in der Badewanne oder direkt daneben betreiben darf!

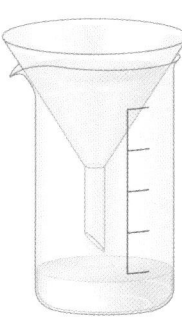

_____

2. Aus einem Trichter strömt Wasser aus. **Behauptung:**
Die Stärke, mit der das Wasser durch den unteren schmalen Teil des Trichters strömt, ist größer als die Wasserstromstärke im oberen breiten Teil, weil sich die Wasserteilchen im schmalen Teil viel schneller bewegen.
Ist diese Behauptung richtig? Begründe!

_____

3. Vögel können nur deshalb auf Hochspannungsleitungen sitzen, weil sie Isolatoren sind. Stimmt das? Begründe!

_____

© Duden Paetec GmbH. Alle Rechte vorbehalten. Internet: www.duden.de

Begründen

Beim **Begründen** werden **Argumente** angeführt, die zeigen, dass eine Aussage richtig bzw. falsch oder zweckmäßig bzw. unzweckmäßig ist. Solche Argumente können sein: Beobachtungen, Fakten, Zusammenhänge, Gesetze, Beispiele bzw. Gegenbeispiele, Eigenschaften von Körpern, Stoffen oder Lebewesen. Stützt sich eine Begründung auf Meinungen oder Ansichten von Personen, dann wird sie subjektiv.

1. Schnell mal in der Badewanne die Haare föhnen?
Das kann lebensgefährlich sein!
Begründe, weshalb man auf keinen Fall elektrische Geräte in der Badewanne oder direkt daneben betreiben darf!

Fallen elektrische Geräte in die Badewanne, so kann Wasser eindringen. Das Wasser kommt mit stromführenden Teilen (z. B. Kabelanschlüssen) in Kontakt.

Da Wasser ein elektrischer Leiter ist, kann der Strom durch das Wasser und damit auch durch den Körper des Menschen in den Boden abfließen.

Der Mensch erhält einen tödlichen Stromschlag. In modernen Bädern wird diese Situation durch einen FI-Schalter abgesichert. Dennoch ist Vorsicht geboten!

2. Aus einem Trichter strömt Wasser aus. **Behauptung:**
Die Stärke, mit der das Wasser durch den unteren schmalen Teil des Trichters strömt, ist größer als die Wasserstromstärke im oberen breiten Teil, weil sich die Wasserteilchen im schmalen Teil viel schneller bewegen.
Ist diese Behauptung richtig? Begründe!

Die Behauptung ist falsch. Die Stromstärke ist definiert als Anzahl der Wasserteilchen, die in einer Sekunde durch eine Fläche fließt. Im unteren Teil bewegen sich die Wasserteilchen zwar schneller, jedoch ist die Fläche, durch die sie strömen, viel kleiner. In einer Sekunde strömen insgesamt genauso viele Wasserteilchen durch den schmalen Teil wie im breiten Teil.

Die Wasserstromstärke ist gleich.

3. Vögel können nur deshalb auf Hochspannungsleitungen sitzen, weil sie Isolatoren sind. Stimmt das? Begründe!

Nein. Auch Vögel haben Wasser im Körper, d. h., durch sie kann ein Strom fließen. Allerdings ist ihr Innenwiderstand im Vergleich zu dem kurzen Leiterstück zwischen ihren Beinen sehr groß, sodass kein merklicher Strom fließt.

| Name: | Klasse: | Kopiervorlage | 3 |

Arbeiten mit Modellen

Mit Modellen können Sachverhalte veranschaulicht, erklärt oder vorausgesagt werden. Alle Modelle sind **Vereinfachungen der Wirklichkeit.** Sie geben nur bestimmte Eigenschaften des Originals wieder. Daher sind nicht alle Aussagen eines Modells auf das Original übertragbar. Man sagt: Ein Modell hat **Grenzen.**

1. Ein Wasserstromkreis kann als Modell für einen elektrischen Stromkreis verwendet werden.
a) Welche Elemente im Modell Wasserstromkreis entsprechen den folgenden Elementen im elektrischen Stromkreis? Nutze die Abbildungen unten!

Elektrischer Stromkreis	Modell Wasserstromkreis
Ladungen	
Elektrische Quelle	
Lampe	
Spannung an der Quelle	
Schalter	
Kabel	

b) Finde Unterschiede zwischen Original und Modell!

_____

_____

2. Vervollständige den folgenden Vergleich!

Modell Wasserstromkreis	Elektrischer Stromkreis
Wasser trägt Energie zum Wasserrad.	
	Wird im Stromkreis ein Schalter geöffnet, fließt kein elektrischer Strom mehr.
Die Stärke des Wasserstroms kann gemessen werden. Sie ist im gesamten Stromkreis gleich groß.	

© Duden Paetec GmbH. Alle Rechte vorbehalten. Internet: www.duden.de

Arbeiten mit Modellen

Mit Modellen können Sachverhalte veranschaulicht, erklärt oder vorausgesagt werden. Alle Modelle sind **Vereinfachungen der Wirklichkeit.** Sie geben nur bestimmte Eigenschaften des Originals wieder.
Daher sind nicht alle Aussagen eines Modells auf das Original übertragbar. Man sagt: Ein Modell hat **Grenzen.**

1. Ein Wasserstromkreis kann als Modell für einen elektrischen Stromkreis verwendet werden.
a) Welche Elemente im Modell Wasserstromkreis entsprechen den folgenden Elementen im elektrischen Stromkreis? Nutze die Abbildungen unten!

Elektrischer Stromkreis	Modell Wasserstromkreis
Ladungen	*Wasserteilchen*
Elektrische Quelle	*Pumpe*
Lampe	*Wasserrad*
Amperemeter	*Wasserzähler*
Schalter	*Ventil*
Kabel	*Rohrleitungen*

b) Finde Unterschiede zwischen Original und Modell!

Wasser kann man sehen und beobachten. Die Ladung, die im Stromkreis fließt, ist nur an ihren Wirkungen zu erkennen.

2. Vervollständige den folgenden Vergleich!

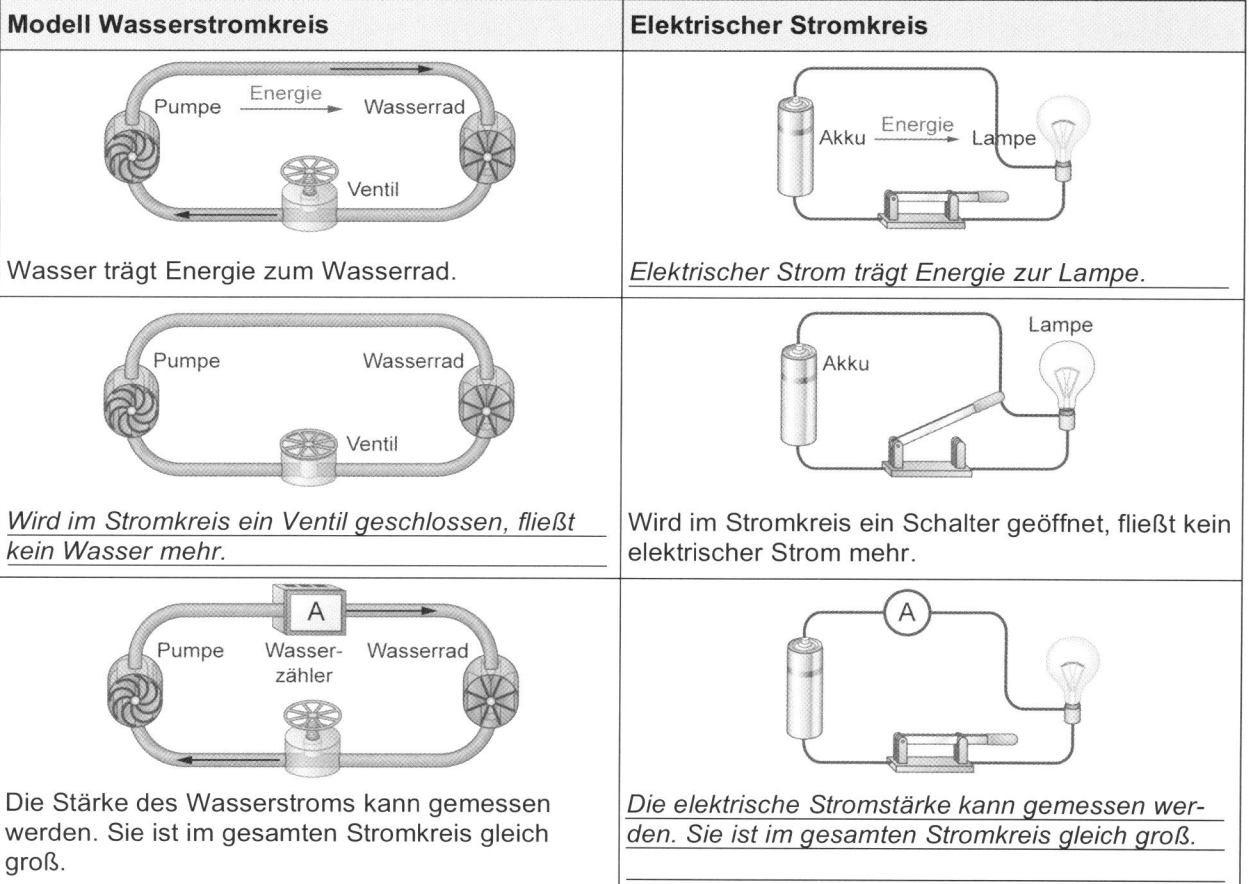

Modell Wasserstromkreis	Elektrischer Stromkreis
Wasser trägt Energie zum Wasserrad.	*Elektrischer Strom trägt Energie zur Lampe.*
Wird im Stromkreis ein Ventil geschlossen, fließt kein Wasser mehr.	Wird im Stromkreis ein Schalter geöffnet, fließt kein elektrischer Strom mehr.
Die Stärke des Wasserstroms kann gemessen werden. Sie ist im gesamten Stromkreis gleich groß.	*Die elektrische Stromstärke kann gemessen werden. Sie ist im gesamten Stromkreis gleich groß.*

Anwenden der experimentellen Methode

Bei der experimentellen Methode wird das Experiment als „Frage an die Natur" eingesetzt. So kannst du zu neuen Erkenntnisse gelangen. Ausgangspunkt kann eine interessante Beobachtung sein, die du in der Natur, im Alltag oder bei einem Experiment registriert hast.

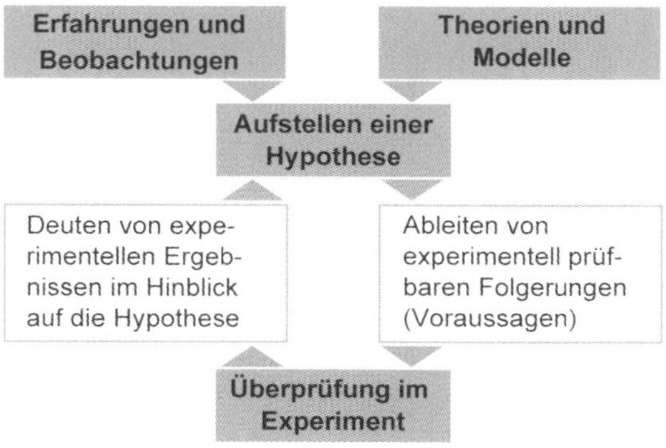

Formulieren einer Frage

Löst man Salz in Wasser, dann vergrößert sich die Leitfähigkeit von Wasser. Ist das auch der Fall, wenn man andere Stoffe in Wasser löst?

Ableiten einer begründeten Vermutung, einer Hypothese

Folgerungen aus dieser Hypothese werden dann experimentell überprüft. Eine mögliche **Hypothese** wäre: Löst man beliebige Stoffe in Wasser, so verändert sich die Leitfähigkeit des Wassers.
Leite daraus eine experimentell überprüfbare **Folgerung** ab!

_____

_____

Finden eines geeigneten Experiments

Plane ein Experiment, mit dem du die Folgerung überprüfen kannst! Welche Größen werden verändert, welche Größen gemessen? Welche Geräte werden benötigt?

_____

_____

_____

Durchführen des Experiments

Baue das Experiment wie in der Abbildung auf! Löse verschiedene Stoffe im Wasser! Überprüfe die Leitfähigkeit des Wassers!
Trage die Ergebnisse in die Tabelle ein.

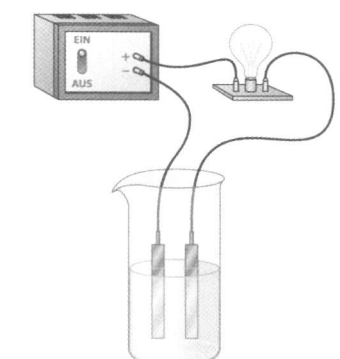

Gelöster Stoff				
Leitfähigkeit				

Vergleichen der Versuchsergebnisse mit der Hypothese

Stimmen die Hypothese und die Ergebnisse des Experiments überein, dann ist der Wahrheitsgehalt der Hypothese groß.
Formuliere ein Ergebnis für das Experiment und deute es im Hinblick auf die Hypothese!

_____

_____

_____

4 Lösung

Anwenden der experimentellen Methode

Bei der experimentellen Methode wird das Experiment als „Frage an die Natur" eingesetzt. So kannst du zu neuen Erkenntnisse gelangen. Ausgangspunkt kann eine interessante Beobachtung sein, die du in der Natur, im Alltag oder bei einem Experiment registriert hast.

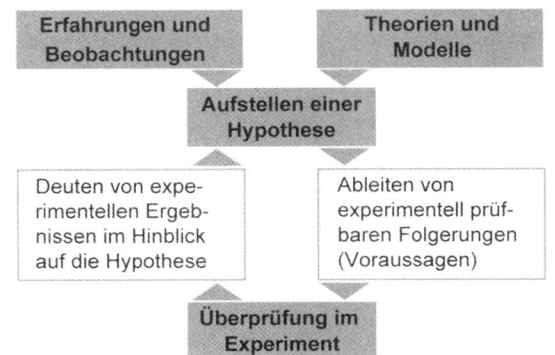

Formulieren einer Frage

Löst man Salz in Wasser, dann vergrößert sich die Leitfähigkeit von Wasser. Ist das auch der Fall, wenn man andere Stoffe in Wasser löst?

Ableiten einer begründeten Vermutung, einer Hypothese

Folgerungen aus dieser Hypothese werden dann experimentell überprüft. Eine mögliche **Hypothese** wäre: Löst man beliebige Stoffe in Wasser, so verändert sich die Leitfähigkeit des Wassers.
Leite daraus eine experimentell überprüfbare **Folgerung** ab!
Gibt man z. B. Zucker, Mehl, Kreide, … ins Wasser, so verändert sich die Leitfähigkeit des Wassers.

Finden eines geeigneten Experiments

Plane ein Experiment, mit dem du die Folgerung überprüfen kannst! Welche Größen werden verändert, welche Größen gemessen? Welche Geräte werden benötigt?
Man muss verschiedene Stoffe ins Wasser geben. Die Änderung der Leitfähigkeit kann mit einem Amperemeter oder mit einer Glühlampe nachgewiesen werden.

Man benötigt eine elektrische Quelle, Kabel, ein Gefäß mit Wasser und ein Amperemeter bzw. eine Lampe.

Durchführen des Experiments

Baue das Experiment wie in der Abbildung auf! Löse verschiedene Stoffe im Wasser! Überprüfe die Leitfähigkeit des Wassers!
Trage die Ergebnisse in die Tabelle ein.

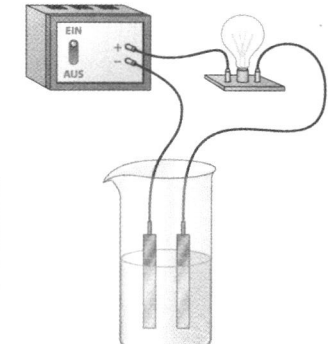

Gelöster Stoff	Sand	Mehl	Zucker	Kreide
Leitfähigkeit	*unverändert*	*unverändert*	*unverändert*	*unverändert*

Vergleichen der Versuchsergebnisse mit der Hypothese

Stimmen die Hypothese und die Ergebnisse des Experiments überein, dann ist der Wahrheitsgehalt der Hypothese groß.
Formuliere ein Ergebnis für das Experiment und deute es im Hinblick auf die Hypothese!
Die Stoffe verändern nicht die Leitfähigkeit des Wassers. Das Experiment widerlegt die Hypothese.

Sie ist also in dieser Formulierung falsch.

| Name: | Klasse: | Kopiervorlage | 5 |

Arbeit mit Diagrammen

Bei der Auswertung von Experimenten nutzt man Diagramme, um Informationen zu gewinnen, Zusammenhänge zu erkennen oder Voraussagen zu treffen.

1. Für eine Solarzelle wurde eine Spannungs-Leistungskennlinie aufgenommen.
   a) Begründe, warum die Messpunkte im Diagramm verbunden werden dürfen!

   _____
   _____
   _____
   _____

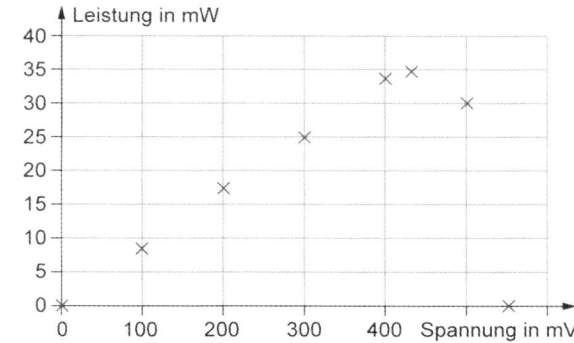

   b) Zeichne den Graphen und beschreibe dein Vorgehen!

   _____
   _____

   c) Welche Informationen kann man dem Diagramm entnehmen?

   _____
   _____
   _____

2. Bei Messungen ergaben sich folgende Stromstärke-Zeit-Diagramme.
   a) Welchen Zusammenhang zwischen Stromstärke und Zeit kann man erkennen? Begründe!

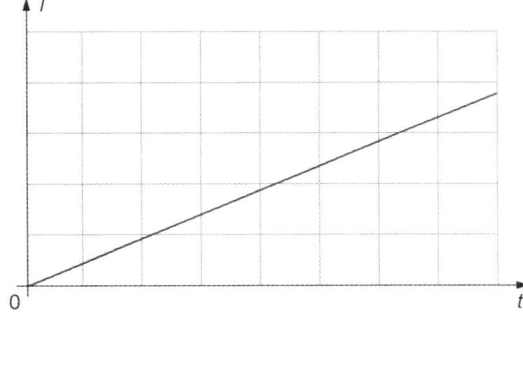 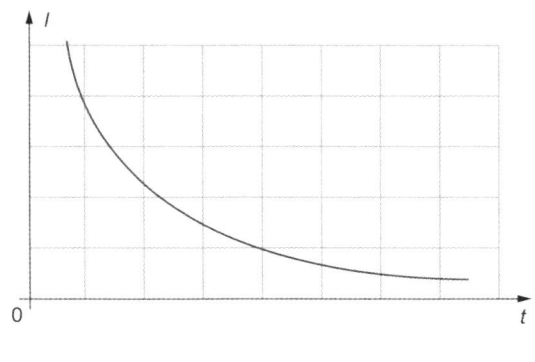

   _____   _____
   _____   _____
   _____   _____

   b) Welche Bedeutung hat die Steigung des Graphen im Diagramm links?

   _____
   _____
   _____

5 Lösung

Arbeit mit Diagrammen

Bei der Auswertung von Experimenten nutzt man Diagramme, um Informationen zu gewinnen, Zusammenhänge zu erkennen oder Voraussagen zu treffen.

1. Für eine Solarzelle wurde eine Spannungs-Leistungskennlinie aufgenommen.

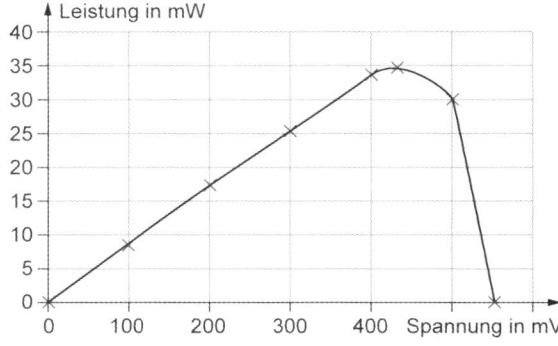

a) Begründe, warum die Messpunkte im Diagramm verbunden werden dürfen!

Bei jeder Spannung wird im Stromkreis eine Leistung umgesetzt. Es liegen also unendlich viele Wertepaare zwischen den gemessenen Wertepaaren.

b) Zeichne den Graphen und beschreibe dein Vorgehen!

Man zeichnet eine Ausgleichskurve. Diese sollte den wahrscheinlichsten Verlauf des Graphen wiedergeben. Man verbindet die Punkte nicht mit Strecken, lässt keine Lücken, Ecken, ...

c) Welche Informationen kann man dem Diagramm entnehmen?

Zu jedem Spannungswert lässt sich der entsprechende Leistungswert ablesen und umgekehrt. Diese Werte sind Näherungen. Bis zu einer Spannung von ca. 450 mV steigen die Leistungswerte an. Bei 550 mV geht die Leistung auf 0 W zurück.

2. Bei Messungen ergaben sich folgende Stromstärke-Zeit-Diagramme.

a) Welchen Zusammenhang zwischen Stromstärke und Zeit kann man erkennen? Begründe!

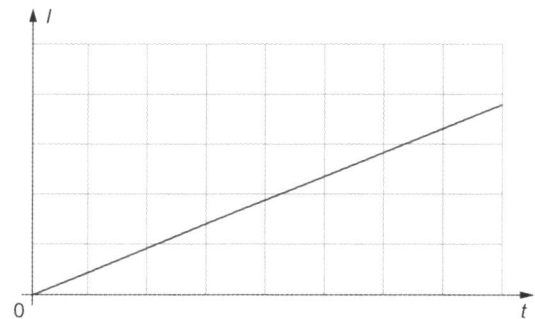 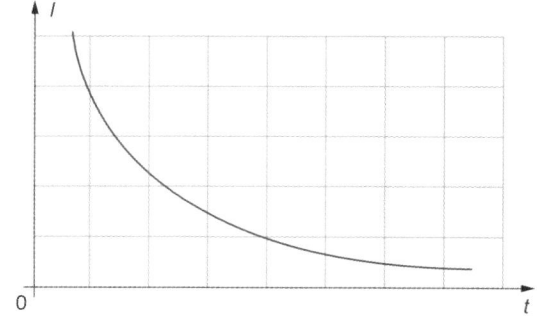

Die beiden Größen sind proportional zueinander: $I \sim t$

Der Graph ist eine Ursprungsgerade.

Die beiden Größen könnten indirekt proportional zueinander sein: $I \sim \frac{1}{t}$

Der Graph könnte eine Hyperbel darstellen.

b) Welche Bedeutung hat die Steigung des Graphen im Diagramm links?

Die Steigung gibt an, wie schnell sich die Stromstärke mit der Zeit verändert. Es handelt sich also um eine Änderungsrate oder eine Änderungsgeschwindigkeit.

Lösen physikalisch-mathematischer Aufgaben

Beim Lösen von Aufgaben werden physikalische Gesetze angewendet. Wenn physikalische Größen zu berechnen sind, nutzt man Verfahren und Regeln der Gleichungslehre. Dabei werden Gleichungen umgeformt, ineinander eingesetzt oder nach bestimmten Größen aufgelöst.

Beim Aufbauen einer Modelleisenbahn fällt dir auf, dass die neue Signallampe eine Betriebsspannung von 19 V hat. Auf der elektrischen Quelle ist 24 V/1 A angegeben. Da hilft nur ein Vorwiderstand, z. B. ein Widerstand aus einem Konstantandraht mit $\rho = 0,5 \; \frac{\Omega \cdot mm^2}{m}$.
Der Draht, der zur Verfügung steht, hat eine Querschnittsfläche von $A = 0,025 \; mm^2$. Wie musst du vorgehen?

Analyse der Aufgabe
a) Zeichne einen Schaltplan aus elektrischer Quelle, Vorwiderstand und Signallampe!
b) Wie groß ist die Spannung, die am Vorwiderstand abfallen muss?

c) Welche Größen sind gegeben, welche gesucht?

Lösung der Aufgabe
a) Welche Gesetze kommen zur Anwendung? Schreibe die Gleichungen auf!

b) Berechne die gesuchte Größe!

Ergebnis der Aufgabe
Formuliere das Ergebnis der Aufgabe!

6 Lösung

Lösen physikalisch-mathematischer Aufgaben

Beim Lösen von Aufgaben werden physikalische Gesetze angewendet. Wenn physikalische Größen zu berechnen sind, nutzt man Verfahren und Regeln der Gleichungslehre. Dabei werden Gleichungen umgeformt, ineinander eingesetzt oder nach bestimmten Größen aufgelöst.

Beim Aufbauen einer Modelleisenbahn fällt dir auf, dass die neue Signallampe eine Betriebsspannung von 19 V hat. Auf der elektrischen Quelle ist 24 V/1 A angegeben. Da hilft nur ein Vorwiderstand, z. B. ein Widerstand aus einem Konstantandraht mit $\rho = 0{,}5 \; \frac{\Omega \cdot mm^2}{m}$.

Der Draht, der zur Verfügung steht, hat eine Querschnittsfläche von $A = 0{,}025 \; mm^2$. Wie musst du vorgehen?

Analyse der Aufgabe
a) Zeichne einen Schaltplan aus elektrischer Quelle, Vorwiderstand und Signallampe!
b) Wie groß ist die Spannung, die am Vorwiderstand abfallen muss?

> Nach dem Gesetz für die Spannung im unverzweigten Stromkreis gilt: $U_{Quelle} = U_{Vorw.} + U_{Signal}$
>
> Am Vorwiderstand muss also eine Spannung von $U_{Vorw.} = 5\;V$ abfallen. Das lässt sich über die Länge des Drahts regeln.

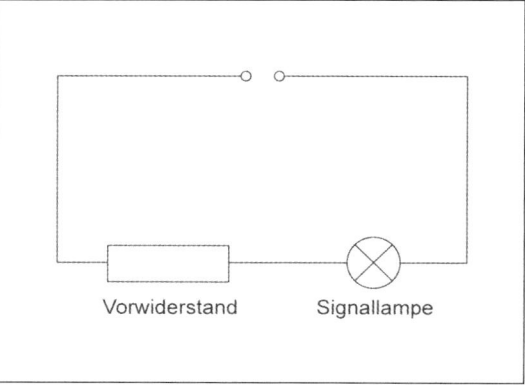

c) Welche Größen sind gegeben, welche gesucht?

> Gegeben: $U_{Vorw.} = 5\;V; I = 1\;A; \rho = 0{,}5 \; \frac{\Omega \cdot mm^2}{m}; A = 0{,}025 \; mm^2$
>
> Gesucht: Länge l des Drahts

Lösung der Aufgabe
a) Welche Gesetze kommen zur Anwendung? Schreibe die Gleichungen auf!

$$(1) \quad R = \frac{U}{I} \qquad (2) \quad R = \rho \cdot \frac{l}{A}$$

b) Berechne die gesuchte Größe!

> Durch Gleichsetzen von (1) und (2) erhält man: $\frac{U}{I} = \rho \cdot \frac{l}{A}$
>
> Das Auflösen nach l ergibt: $l = \frac{U \cdot A}{I \cdot \rho}$
>
> Das Einsetzen der Größen ergibt: $l = \dfrac{5\;V \cdot 0{,}025\;mm^2}{1\;A \cdot 0{,}5 \; \frac{\Omega \cdot mm^2}{m}}$
>
> $l = 0{,}25\;m$

Ergebnis der Aufgabe
Formuliere das Ergebnis der Aufgabe!

> Der Draht muss eine Länge von 0,25 m haben. Das sind 25 cm.

| Name: | Klasse: | Kopiervorlage | 7 |

Sicherheit bei Experimenten mit elektrischem Strom

1. Bei Experimenten mit elektrischem Strom musst du Regeln beachten.
Welche der Aussagen sind richtig? Kreuze an!

Man darf ohne Sicherheitsvorkehrungen mit der Spannung aus der Steckdose experimentieren. ☐	Da alle Stecker gesichert sind, kann man sie immer ohne Gefahr anfassen. ☐
Die Spannung in einem Experiment sollte 25 V nicht überschreiten. ☐	Vor der Verwendung von Kabeln sollte man diese auf schadhafte Stellen untersuchen. ☐
Die Spannung in einem Experiment darf bis zu 100 V betragen. ☐	Ist die Isolierung eines Kabels defekt, kann ich es mit einem Kugelschreiber gefahrlos berühren. ☐
Die Größe der Spannung bei Experimenten ist ohne besondere Bedeutung für mich. ☐	Kabel und Stecker, bei denen Metall sichtbar ist, sollten nicht im Experiment verwendet werden. ☐

Man kann jedes elektrische Gerät mit jeder beliebigen elektrischen Quelle betreiben. ☐	Für den Umbau eines Experiments muss die elektrische Quelle ausgeschaltet werden. ☐
Die Spannung der elektrischen Quelle muss größer sein als die auf dem Gerät angegebene. ☐	Beim Umbau eines Experiments kann die Spannungsquelle eingeschaltet bleiben. ☐
Die Spannung der Quelle sollte deutlich kleiner sein als die auf dem Gerät angegebene. ☐	Durch das Einschalten der Quelle wird die Schaltung eines Experiments überprüft. ☐
Die Spannungsangaben auf Quelle und Gerät sollten ungefähr übereinstimmen. ☐	Alle Messgeräte können ohne Ausschalten der elektrischen Quelle eingebaut werden. ☐

Alle elektrischen Quellen mit Metallgehäuse sind gefährlich. ☐	Kaputte Sicherungen können auch bei eingeschalteter Quelle ausgetauscht werden. ☐
Defekte Geräte sollte man selbst aufschrauben und untersuchen. ☐	Man kann ohne Gefahr eine kaputte 1-A-Sicherung durch eine 2-A-Sicherung ersetzen. ☐
Falls eine Batterie leer ist, kann ich sie einfach durch eine beliebige elektrische Quelle ersetzen. ☐	Man kann ohne Gefahr eine 1-A-Sicherung durch eine Sicherung für 0,5 A ersetzen. ☐
Wasser oder andere Flüssigkeiten sollten nicht auf oder in eine elektrische Quelle kommen. ☐	Kaputte Sicherungen darf man mit einem Metalldraht überbrücken. ☐

2. Im jedem Physiksaal findest du gut sichtbar und für alle zugänglich einen Schalter wie in der Abbildung rechts.
a) Welche Aufgabe hat dieser Schalter?

_____

_____

_____

_____

b) Warum ist es ein Problem, wenn der Not-Aus-Schalter „nur so zum Spaß" beim Verlassen des Physiksaals gedrückt wird?

_____

_____

_____

© Duden Paetec GmbH. Alle Rechte vorbehalten. Internet: www.duden.de

7 Lösung

Sicherheit bei Experimenten mit elektrischem Strom

1. Bei Experimenten mit elektrischem Strom musst du Regeln beachten. Welche der Aussagen sind richtig? Kreuze an!

Man darf ohne Sicherheitsvorkehrungen mit der Spannung aus der Steckdose experimentieren.	☐
Die Spannung in einem Experiment sollte 25 V nicht überschreiten.	☒
Die Spannung in einem Experiment darf bis zu 100 V betragen.	☐
Die Größe der Spannung bei Experimenten ist ohne besondere Bedeutung für mich.	☐

Da alle Stecker gesichert sind, kann man sie immer ohne Gefahr anfassen.	☐
Vor der Verwendung von Kabeln sollte man diese auf schadhafte Stellen untersuchen.	☒
Ist die Isolierung eines Kabels defekt, kann ich es mit einem Kugelschreiber gefahrlos berühren.	☐
Kabel und Stecker, bei denen Metall sichtbar ist, sollten nicht im Experiment verwendet werden.	☒

Man kann jedes elektrische Gerät mit jeder beliebigen elektrischen Quelle betreiben.	☐
Die Spannung der elektrischen Quelle muss größer sein als die auf dem Gerät angegebene.	☐
Die Spannung der Quelle sollte deutlich kleiner sein als die auf dem Gerät angegebene.	☐
Die Spannungsangaben auf Quelle und Gerät sollten ungefähr übereinstimmen.	☒

Für den Umbau eines Experiments muss die elektrische Quelle ausgeschaltet werden.	☒
Beim Umbau eines Experiments kann die Spannungsquelle eingeschaltet bleiben.	☐
Durch das Einschalten der Quelle wird die Schaltung eines Experiments überprüft.	☐
Alle Messgeräte können ohne Ausschalten der elektrischen Quelle eingebaut werden.	☐

Alle elektrischen Quellen mit Metallgehäuse sind gefährlich.	☐
Defekte Geräte sollte man selbst aufschrauben und untersuchen.	☐
Falls eine Batterie leer ist, kann ich sie einfach durch eine beliebige elektrische Quelle ersetzen.	☐
Wasser oder andere Flüssigkeiten sollten nicht auf oder in eine elektrische Quelle kommen.	☒

Kaputte Sicherungen können auch bei eingeschalteter Quelle ausgetauscht werden.	☐
Man kann ohne Gefahr eine kaputte 1-A-Sicherung durch eine 2-A-Sicherung ersetzen.	☐
Man kann ohne Gefahr eine 1-A-Sicherung durch eine Sicherung für 0,5 A ersetzen.	☒
Kaputte Sicherungen darf man mit einem Metalldraht überbrücken.	☐

2. Im jedem Physiksaal findest du gut sichtbar und für alle zugänglich einen Schalter wie in der Abbildung rechts.

a) Welche Aufgabe hat dieser Schalter?

Es handelt sich um einen Not-Aus-Schalter. Wird er gedrückt, so werden sofort alle Stromkreise im Physikraum unterbrochen. Sollte jemand stromführende Teile berühren, kann die Spannung mithilfe dieses Schalters abgeschaltet werden.

b) Warum ist es ein Problem, wenn der Not-Aus-Schalter „nur so zum Spaß" beim Verlassen des Physiksaals gedrückt wird?

Unnötiges Ausschalten verkürzt die Lebenszeit des Schalters. Es besteht dann die Gefahr, dass er in einem echten Notfall nicht mehr funktioniert.

| Name: | Klasse: | Kopiervorlage | 8 |

Schaltzeichen und Schaltpläne

1. Das Bild zeigt verschiedene elektrische Bauteile. Gib jeweils die Bezeichnung und das Schaltzeichen für jedes Bauteil an!

   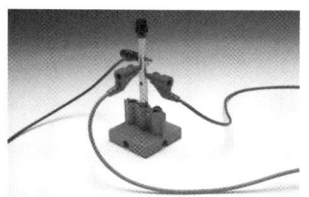

2. Die Abbildung zeigt den Aufbau eines Experiments. Zeichne den zugehörigen Schaltplan!

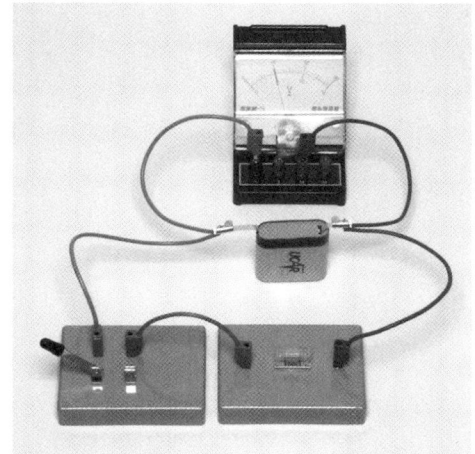 

3. Welcher der Schaltpläne passt zum Experiment? Begründe deine Meinung!

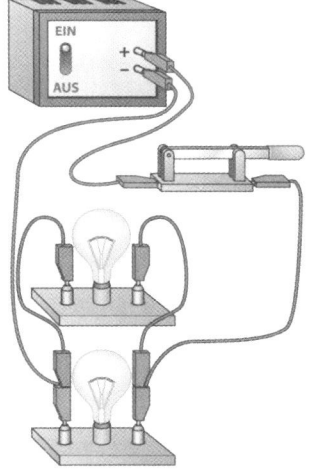 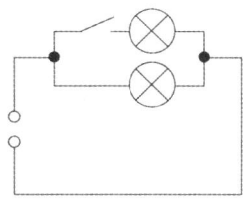 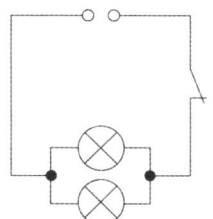 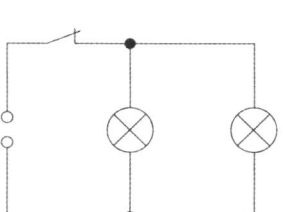

8 Lösung

Schaltzeichen und Schaltpläne

1. Das Bild zeigt verschiedene elektrische Bauteile. Gib jeweils die Bezeichnung und das Schaltzeichen für jedes Bauteil an!

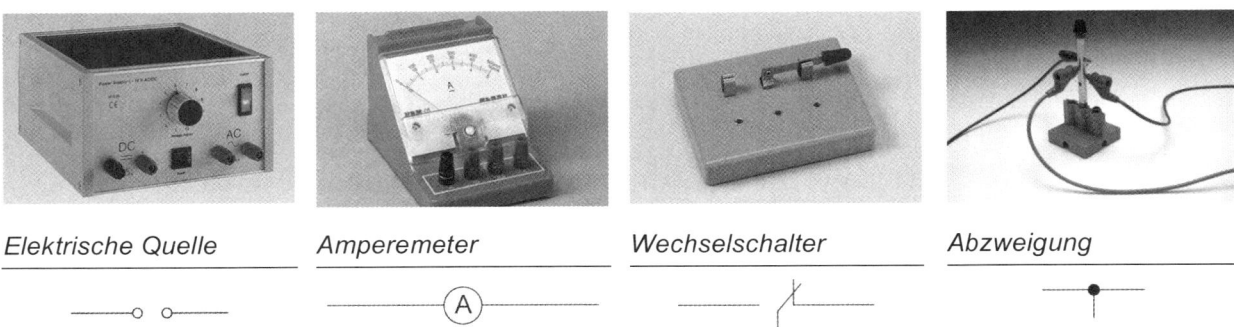

| Elektrische Quelle | Amperemeter | Wechselschalter | Abzweigung |

2. Die Abbildung zeigt den Aufbau eines Experiments. Zeichne den zugehörigen Schaltplan!

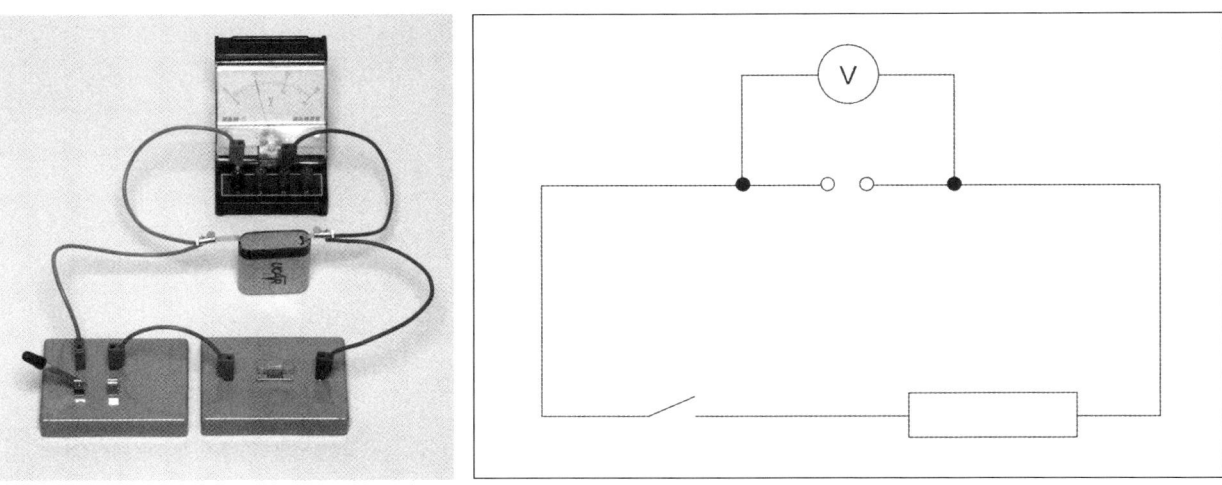

3. Welcher der Schaltpläne passt zum Experiment? Begründe deine Meinung!

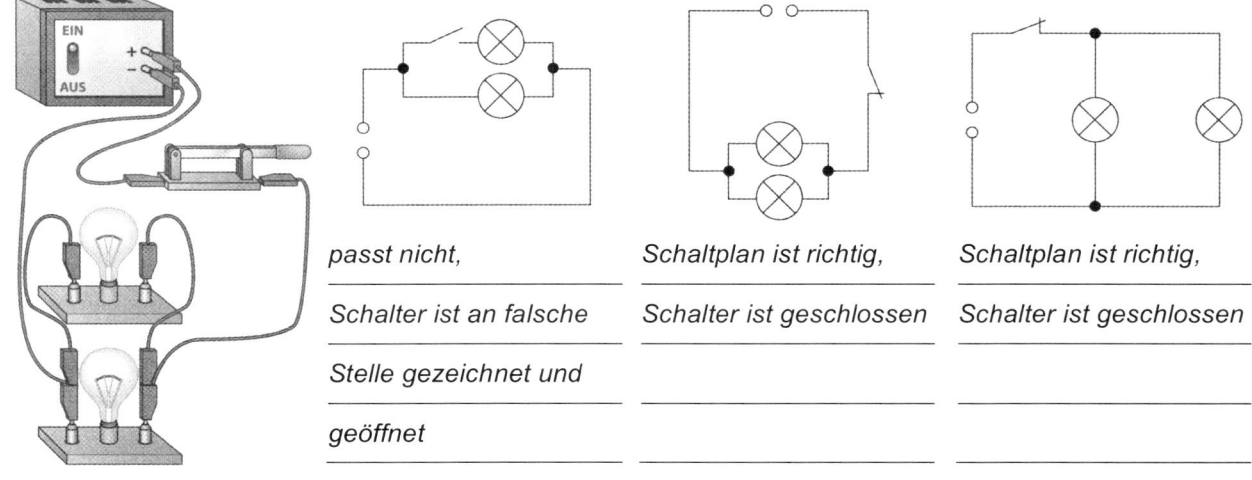

passt nicht, Schalter ist an falsche Stelle gezeichnet und geöffnet

Schaltplan ist richtig, Schalter ist geschlossen

Schaltplan ist richtig, Schalter ist geschlossen

| Name: | Klasse: | Kopiervorlage | 9 |

Einfache Stromkreise

1. Tom behauptet: „Wenn in einem Stromkreis aus einer Batterie, einer Lampe und einem Schalter die Lampe nicht brennt, dann muss diese Lampe kaputt sein!"
Hat er recht? Nimm Stellung zu seiner Behauptung!

_____

_____

2. Ein Kurzschluss im Stromkreis kann elektrische Geräte zerstören oder sogar zu einem Kabelbrand führen. In den folgenden Schaltplänen haben sich Kurzschlüsse eingeschlichen, die das Leuchten einiger Lampen verhindern würden. Zeichne den Stromverlauf ein und gib an, welche Lampen leuchten!

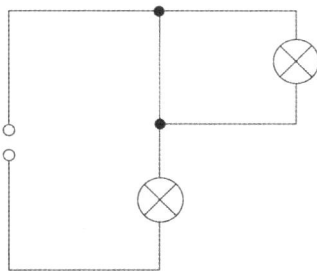 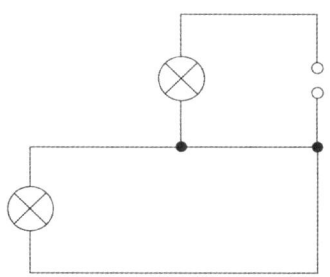 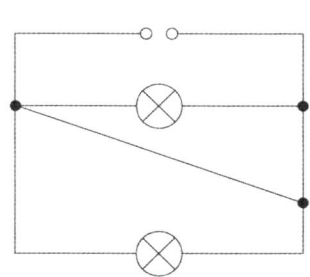

_____ _____ _____

3. Im Schaltplan ist eine Schaltung dargestellt, die im Alltag häufig vorkommt.

a) Baue die Schaltung auf und probiere aus, unter welchen Bedingungen die Lampe leuchtet!

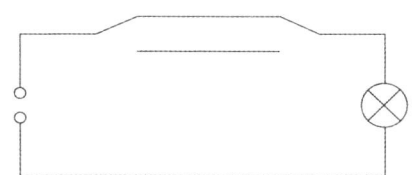

_____

_____

b) Wo ist dir diese Schaltung im Alltag begegnet?

_____

_____

_____

_____

4. Zeichne den Schaltplan für eine **UND**-Schaltung!
Unter welcher Bedingung leuchtet die Lampe?

_____

_____

_____

© Duden Paetec GmbH. Alle Rechte vorbehalten. Internet: www.duden.de

Einfache Stromkreise

1. Tom behauptet: „Wenn in einem Stromkreis aus einer Batterie, einer Lampe und einem Schalter die Lampe nicht brennt, dann muss diese Lampe kaputt sein!"
Hat er recht? Nimm Stellung zu seiner Behauptung!
Es sind auch andere Ursachen möglich: Die Batterie ist leer

oder zu schwach, der Schalter ist nicht geschlossen, es liegt

ein Kurzschluss vor.

2. Ein Kurzschluss im Stromkreis kann elektrische Geräte zerstören oder sogar zu einem Kabelbrand führen. In den folgenden Schaltplänen haben sich Kurzschlüsse eingeschlichen, die das Leuchten einiger Lampen verhindern würden. Zeichne den Stromverlauf ein und gib an, welche Lampen leuchten!

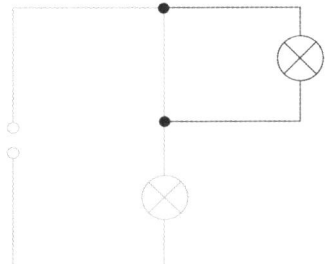 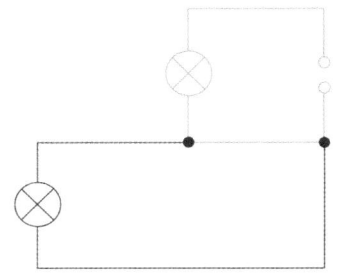 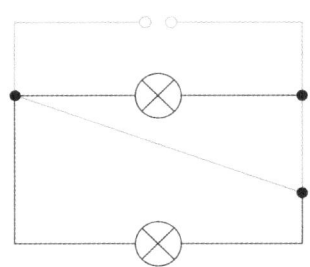

Die untere Lampe leuchtet.   *Die obere Lampe leuchtet.*   *Es leuchtet keine Lampe.*

3. Im Schaltplan ist eine Schaltung dargestellt, die im Alltag häufig vorkommt.
a) Baue die Schaltung auf und probiere aus, unter welchen Bedingungen die Lampe leuchtet!

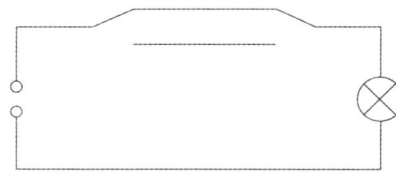

Die Lampe leuchtet immer dann, wenn beide Schalter

nach oben oder beide Schalter nach unten stehen.

b) Wo ist dir diese Schaltung im Alltag begegnet?

Die Schaltung heißt Wechselschaltung. Sie wird genutzt, wenn man eine Lampe in einem Raum oder

Flur von zwei getrennten Stellen ein- und ausschalten möchte. Man kann ihren Zustand (ein/aus)

zu jeder Zeit an dem einen oder dem anderen Schalter ändern.

4. Zeichne den Schaltplan für eine **UND**-Schaltung!
Unter welcher Bedingung leuchtet die Lampe?
*Die Lampe leuchtet nur dann, wenn Schalter S1 **und** S2*

geschlossen sind.

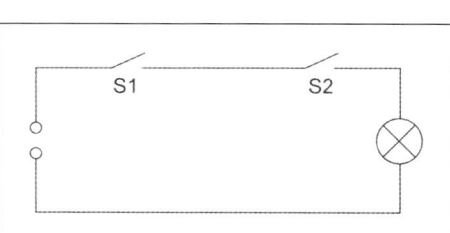

| Name: | Klasse: | Kopiervorlage 10 |

Reihen- und Parallelschaltung

1. Eine Schaltung besteht aus einer elektrischen Quelle und vier Glühlampen.

Dir ist außerdem bekannt:
- Wird Lämpchen A herausgedreht, dann geht auch B aus.
- Dreht man B heraus, geht auch A aus.
- Dreht man C heraus, dann brennen die anderen weiter.
- Dreht man D heraus, dann gehen alle anderen Lampen aus.

Wo befinden sich die Lampen A, B, C und D?

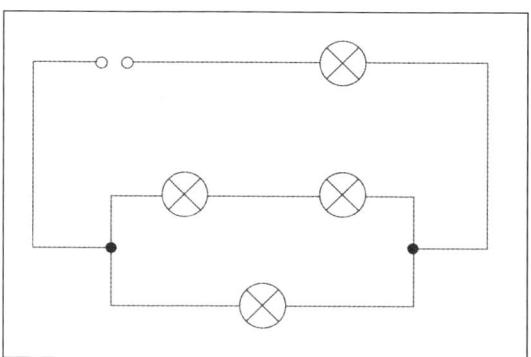

2. Zur Veranschaulichung von elektrischen Stromkreisen verwendet man häufig das Modell „Wasserstromkreis".
Die beiden Abbildungen zeigen einen unverzweigten elektrischen Stromkreis und den entsprechenden Wasserstromkreis.

a) Zeichne eine Reihen- und eine Parallelschaltung zweier Lampen mithilfe des Modells Wasserstromkreis!

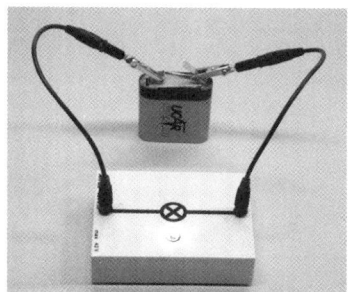 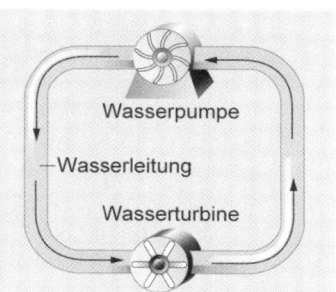

Reihenschaltung

Parallelschaltung

b) Die Abbildung zeigt einen speziellen Wasserstromkreis. Findest du den passenden elektrischen Schaltplan?

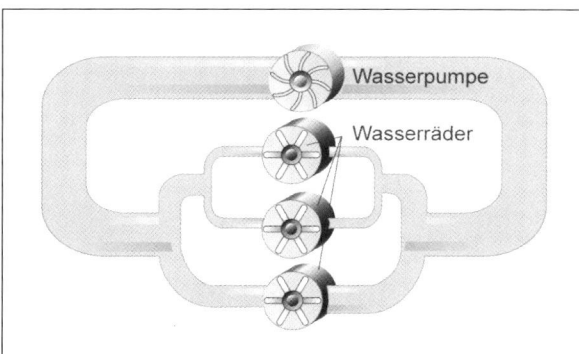 

© Duden Paetec GmbH. Alle Rechte vorbehalten. Internet: www.duden.de

10 Lösung

Reihen- und Parallelschaltung

1. Eine Schaltung besteht aus einer elektrischen Quelle und vier Glühlampen.

Dir ist außerdem bekannt:
- Wird Lämpchen A herausgedreht, dann geht auch B aus.
- Dreht man B heraus, geht auch A aus.
- Dreht man C heraus, dann brennen die anderen weiter.
- Dreht man D heraus, dann gehen alle anderen Lampen aus.

Wo befinden sich die Lampen A, B, C und D?

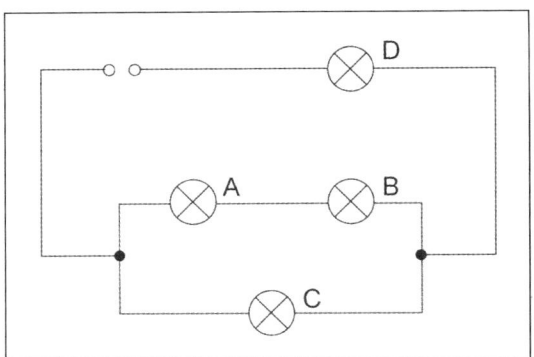

2. Zur Veranschaulichung von elektrischen Stromkreisen verwendet man häufig das Modell Wasserstromkreis.
Die beiden Abbildungen zeigen einen unverzweigten elektrischen Stromkreis und den entsprechenden Wasserstromkreis.

a) Zeichne eine Reihen- und eine Parallelschaltung zweier Lampen mithilfe des Modells Wasserstromkreis!

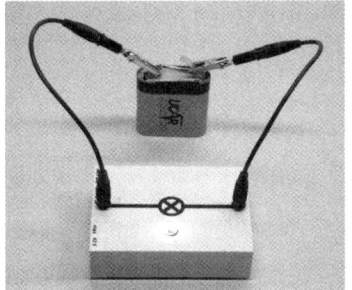 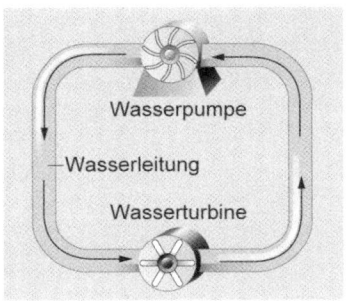

Reihenschaltung

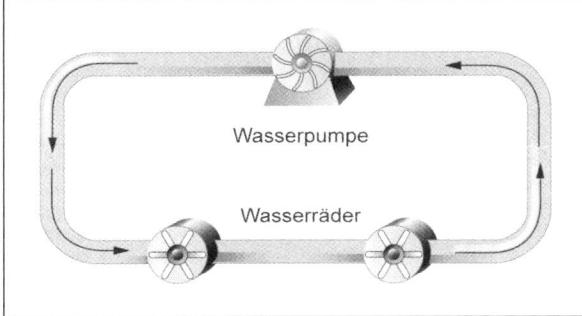

Parallelschaltung

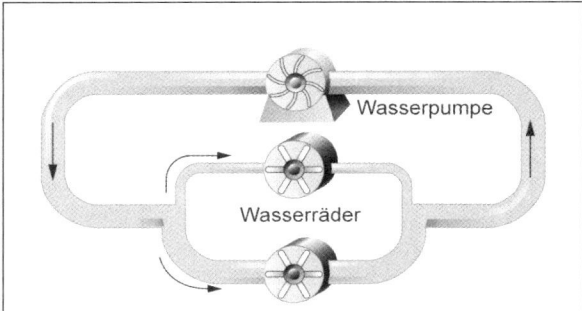

b) Die Abbildung zeigt einen speziellen Wasserstromkreis. Findest du den passenden elektrischen Schaltplan?

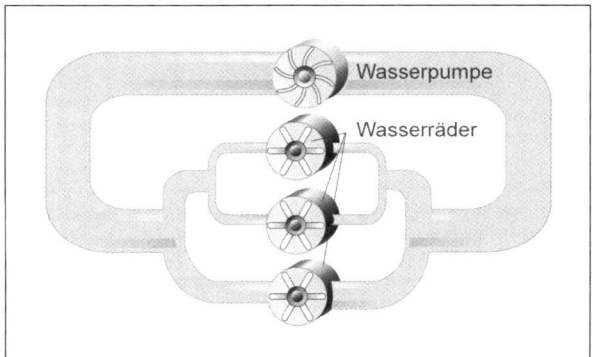 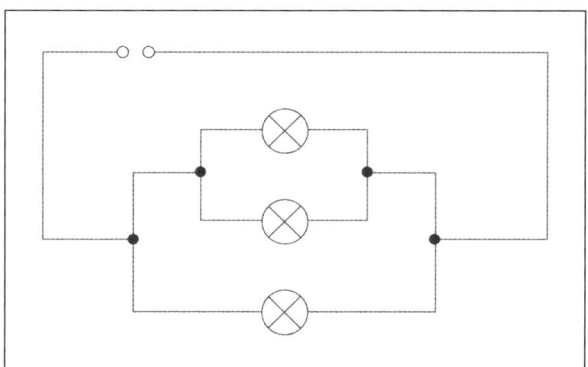

| Name: | Klasse: | Kopiervorlage | 11 |

Wirkungen des elektrischen Stroms

1. Das Diagramm gibt einen Überblick über die Wirkungen des elektrischen Stroms. Ergänze!

Wirkungen des elektrischen Stroms

Chemische Wirkung			
Beispiel: Verkupfern			

2. Die Abbildungen zeigen verschiedene technische Geräte. Gib jeweils an, welche Wirkung des elektrischen Stroms genutzt wird!

 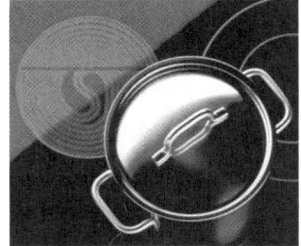  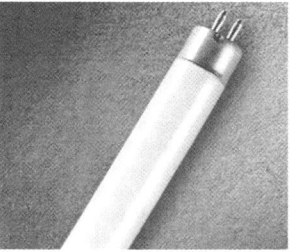

3. Einige Wirkungen des elektrischen Stroms sind in Geräten eher unerwünscht. Oft lassen sie sich jedoch nicht vermeiden. Nenne Beispiele für unerwünschte Wirkungen des elektrischen Stroms bei Geräten!

_____

_____

© Duden Paetec GmbH. Alle Rechte vorbehalten. Internet: www.duden.de

Wirkungen des elektrischen Stroms

1. Das Diagramm gibt einen Überblick über die Wirkungen des elektrischen Stroms. Ergänze!

Wirkungen des elektrischen Stroms

Chemische Wirkung	Lichtwirkung	Wärmewirkung	Magnetische Wirkung
Beispiel:	Beispiel:	Beispiel:	Beispiel:
Verkupfern	Glühlampe	Föhn	Klingel
Galvanisieren	Leuchtstoffröhre	Heizplatte	Elektromagnet
Batterien	Bildschirm	Tauchsieder	Telefon

2. Die Abbildungen zeigen verschiedene technische Geräte. Gib jeweils an, welche Wirkung des elektrischen Stroms genutzt wird!

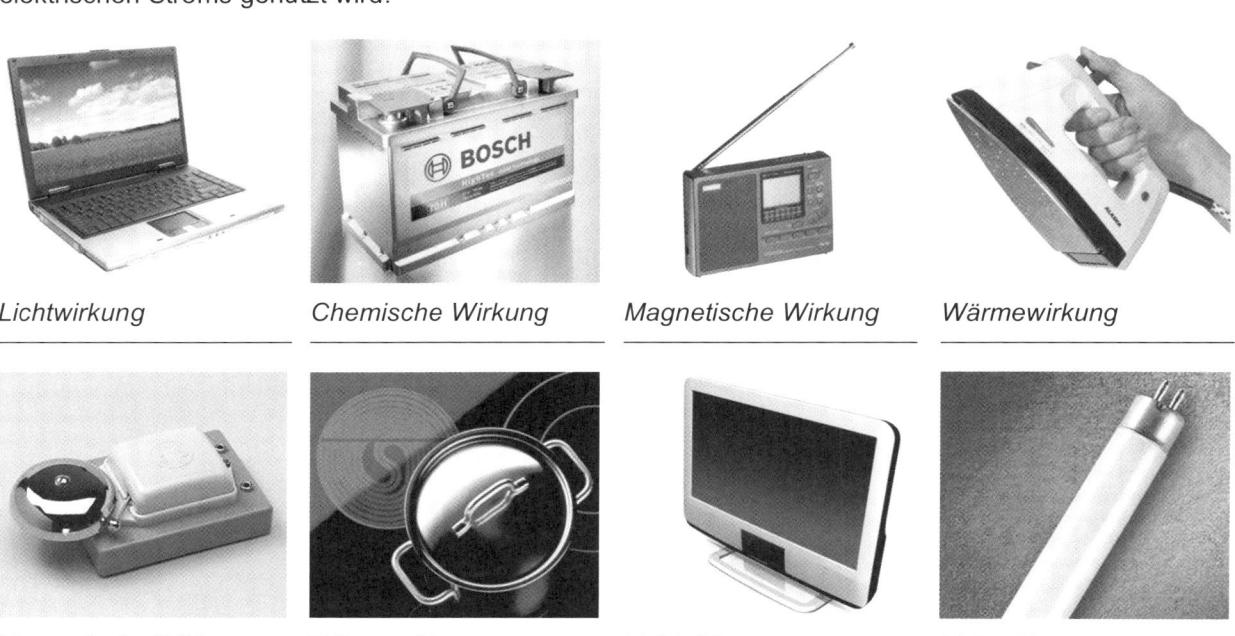

Lichtwirkung — Chemische Wirkung — Magnetische Wirkung — Wärmewirkung

Magnetische Wirkung — Wärmewirkung — Lichtwirkung — Lichtwirkung

3. Einige Wirkungen des elektrischen Stroms sind in Geräten eher unerwünscht. Oft lassen sie sich jedoch nicht vermeiden. Nenne Beispiele für unerwünschte Wirkungen des elektrischen Stroms bei Geräten!

Die Wärmewirkung bei einer Glühlampe oder bei Monitoren ist unerwünscht, ebenso die Lichtwirkung bei einer Heizplatte.

| Name: | Klasse: | Kopiervorlage 12 |

Leiter und Isolator

1. Untersuche, ob verschiedene feste Körper und Flüssigkeiten den elektrischen Strom leiten!
Vorbereitung:
a) Wie könnte man prüfen, ob ein Körper den elektrischen Strom leitet?

_____

b) Ergänze den Schaltplan durch Einzeichnen der Kabel!

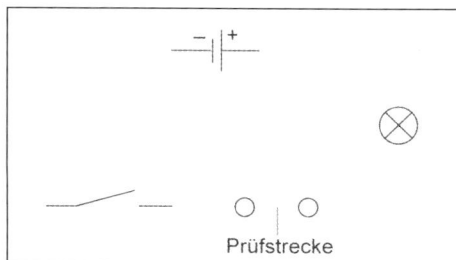

Durchführung:
Baue die Schaltung nach dem Schaltplan auf! Bringe verschiedene Körper (Nagel, Holzstab, metallische Kugelschreibermine, Bleistiftmine, Lineal aus Kunststoff, aufgebogene Büroklammer, ...) in den Stromkreis! Trage deine Untersuchungsergebnisse in die Tabelle ein!

Auswertung:

Körper	Stoff, aus dem der Körper besteht	Leiter oder Isolator

2. Ordne die folgenden Stoffe in die Tabelle ein: Leitungswasser, feuchtes Holz, Stahl, Porzellan, Gummi, trockenes Papier, Schweiß, Gold, trockenes Holz, Glas, Silber, Aluminium, Kunststoff!

Leiter	
Isolator	

3. Die Skizzen zeigen den Aufbau eines metallischen Leiters und eines Isolators.
a) Benenne die gezeichneten Teilchen!

metallischer Leiter   **Isolator**

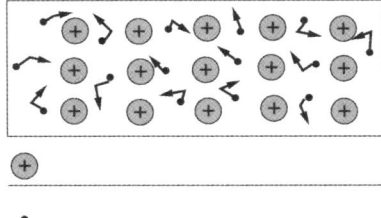 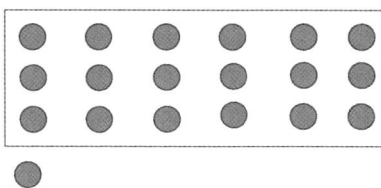

b) Beschreibe die Unterschiede in Worten!

_____

_____

12 Lösung

Leiter und Isolator

1. Untersuche, ob verschiedene feste Körper und Flüssigkeiten den elektrischen Strom leiten!
Vorbereitung:
a) Wie könnte man prüfen, ob ein Körper den elektrischen Strom leitet?

Der Körper wird in Reihe mit einer Glühlampe geschaltet. Wenn die Glühlampe leuchtet, ist der Körper ein elektrischer Leiter. Leuchtet die Lampe nicht, ist der Körper ein Isolator.

b) Ergänze den Schaltplan durch Einzeichnen der Kabel!

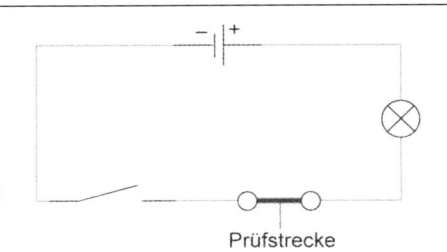

Durchführung:
Baue die Schaltung nach dem Schaltplan auf! Bringe verschiedene Körper (Nagel, Holzstab, metallische Kugelschreibermine, Bleistiftmine, Lineal aus Kunststoff, aufgebogene Büroklammer, ...) in den Stromkreis!
Trage deine Untersuchungsergebnisse in die Tabelle ein!

Auswertung:

Körper	Stoff, aus dem der Körper besteht	Leiter oder Isolator

2. Ordne die folgenden Stoffe in die Tabelle ein: Leitungswasser, feuchtes Holz, Stahl, Porzellan, Gummi, trockenes Papier, Schweiß, Gold, trockenes Holz, Glas, Silber, Aluminium, Kunststoff!

Leiter	Leitungswasser, feuchtes Holz, Stahl, Schweiß, Gold, Silber, Aluminium
Isolator	Porzellan, Gummi, trockenes Papier, trockenes Holz, Glas, Kunststoff

3. Die Skizzen zeigen den Aufbau eines metallischen Leiters und eines Isolators.
a) Benenne die gezeichneten Teilchen!

metallischer Leiter

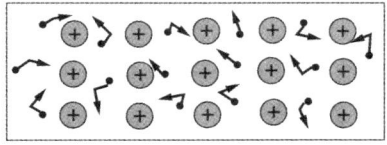

⊕ *Metallionen*

• *Elektronen*

Isolator

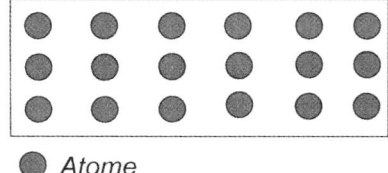

● *Atome*

b) Beschreibe die Unterschiede in Worten!

Während bei einem metallischen Leiter frei bewegliche Elektronen vorhanden sind, hat ein Isolator keine frei beweglichen Ladungsträger.

Sicherheit im Alltag beim Umgang mit elektrischem Strom

1. Ob in der Schule, zu Hause oder in der Freizeit – ohne elektrischen Strom geht fast gar nichts mehr. Um dich und andere zu schützen, musst du Regeln kennen.
a) Welche Regel fällt dir zum jeweiligen Stichwort ein? Ergänze wie im Beispiel vorgegeben!

Wasser	Kabel	Stecker	Defekte Geräte	Oberleitungen
Elektrische Geräte dürfen nicht mit Wasser in Berührung kommen.				

b) Was bedeutet dieses Zeichen? Wie musst du dich verhalten?

_____
_____
_____

2. Der menschliche Körper kann Strom leiten. Aus diesem Grund ist es gefährlich, nicht isolierte, stromführende Kabel oder Geräteteile zu berühren.
a) Zeichne in der Abbildung rechts Wege ein, die der Strom durch den menschlichen Körper nehmen kann! Nimm an, dass die Person mit der rechten Hand ein stromführendes, nicht isoliertes Kabel berührt.
b) Während sehr kleine Ströme nicht schaden, können bereits etwas größere Ströme zu Verletzungen und sogar zum Tod führen. Ergänze die Wirkungen für den Stromweg Hand-Hand!

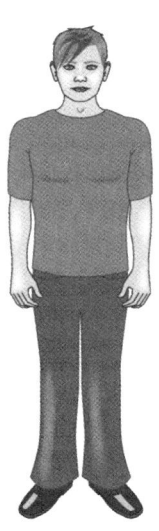

2 mA _____

10 mA _____

16 mA _____

über 25 mA _____

3. Kommt es trotz aller Vorsicht zu einem Stromunfall, sind ebenfalls Regeln einzuhalten. Was musst du tust du, wenn du einen Stromunfall entdeckst?

_____
_____
_____
_____
_____

Sicherheit im Alltag beim Umgang mit elektrischem Strom

1. Ob in der Schule, zu Hause oder in der Freizeit – ohne elektrischen Strom geht fast gar nichts mehr. Um dich und andere zu schützen, musst du Regeln kennen.
a) Welche Regel fällt dir zum jeweiligen Stichwort ein? Ergänze wie im Beispiel vorgegeben!

Wasser	Kabel	Stecker	Defekte Geräte	Oberleitungen
Elektrische Geräte dürfen nicht mit Wasser in Berührung kommen.	Kabel nicht quetschen oder knicken. Defekte Kabel oder Kabel mit defekter Isolierung austauschen.	Stecker nicht am Kabel herausziehen. Defekte Stecker austauschen	Geräte vom Netz nehmen. Geräte durch funktionierende ersetzen oder vom Fachmann reparieren lassen.	Von Oberleitungen Abstand halten. Nicht auf die Masten klettern. In der Nähe keine Drachen steigen lassen.

b) Was bedeutet dieses Zeichen? Wie musst du dich verhalten?

Es warnt vor Hochspannung. Objekten, die mit dem Schild gekennzeichnet sind, werde ich mich nicht nähern. Ich werde nicht auf diesen Objekten klettern und nicht in diesen Objekten spielen.

2. Der menschliche Körper kann Strom leiten. Aus diesem Grund ist es gefährlich, nicht isolierte, stromführende Kabel oder Geräteteile zu berühren.
a) Zeichne in der Abbildung rechts Wege ein, die der Strom durch den menschlichen Körper nehmen kann! Nimm an, dass die Person mit der rechten Hand ein stromführendes, nicht isoliertes Kabel berührt.
b) Während sehr kleine Ströme nicht schaden, können bereits etwas größere Ströme zu Verletzungen und sogar zum Tod führen. Ergänze die Wirkungen für den Stromweg Hand-Hand!

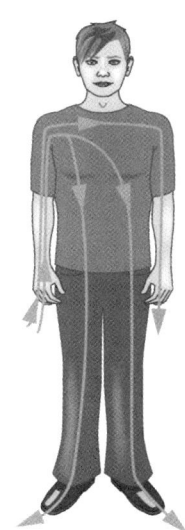

2 mA	*gerade wahrnehmbar*
10 mA	*deutliche Verkrampfungen*
16 mA	*starke Verkrampfungen, heftige Schmerzen*
über 25 mA	*kann tödlich sein*

3. Kommt es trotz aller Vorsicht zu einem Stromunfall, sind ebenfalls Regeln einzuhalten. Was musst du tust du, wenn du einen Stromunfall entdeckst?

Auf keinen Fall berühre ich den Verunglückten.

Zunächst muss der Stromkreis unterbrochen werden, in dem sich der Verunglückte befindet.

Dann setze ich den Notruf 112 ab und leite Erste-Hilfe-Maßnahmen ein, wie Herzdruckmassage und Atemspende.

| Name: | Klasse: | Kopiervorlage 14 |

Ladungstrennung durch Reibung

1. a) Reibe Plastikkamm, Metalllöffel, Folienstreifen und Luftballon mit einem Tuch und untersuche, ob die verschiedenen Materialien angezogen werden! Notiere dein Ergebnis mit „ja" oder „nein"!

zieht an	Papier-schnipsel	Strohhalm-schnipsel	Wollreste	Alufolie	Salzkörner	Pflanzen-stücke
Plastikkamm						
Metalllöffel						
Folienstreifen						
Luftballon						

b) Reibe die Körper erneut und streife sie über ein Elektroskop! Was kannst du beobachten?

c) Welche Folgerungen kannst du aus den Experimenten ziehen?

2. Reibe zwei Luftballons an deinem Pullover und versuche, sie an die Wand oder an deinen Kopf zu „kleben". Reibe sie erneut und versuche, sie an den geriebenen Stellen aneinander zu „kleben". Beschreibe deine Beobachtung!

3. Lege eine Alufolie in einen Schnellhefter und reibe die Plastikoberfläche kräftig mit einem Tuch oder einem Wollschal! Öffne den Schnellhefter danach vorsichtig mit den Fingerspitzen! Berühre mit einer Glimmlampe mehrmals die Alufolie und dann mehrmals die Plastikfolie! Beobachte am besten im Dunkeln und beschreibe deine Beobachtung!

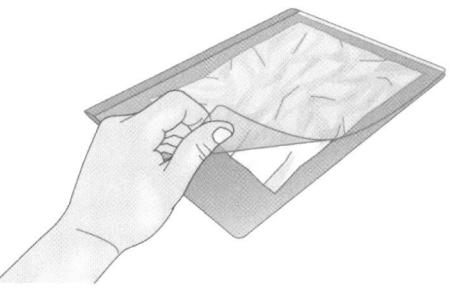

Ladungstrennung durch Reibung

1. a) Reibe Plastikkamm, Metalllöffel, Folienstreifen und Luftballon mit einem Tuch und untersuche, ob die verschiedenen Materialien angezogen werden! Notiere dein Ergebnis mit „ja" oder „nein"!

zieht an	Papier-schnipsel	Strohhalm-schnipsel	Wollreste	Alufolie	Salzkörner	Pflanzen-stücke
Plastikkamm	ja	ja	ja	ja	ja	ja
Metalllöffel	nein	nein	nein	nein	nein	nein
Folienstreifen	ja	ja	ja	ja	ja	ja
Luftballon	ja	ja	ja	ja	ja	ja

b) Reibe die Körper erneut und streife sie über ein Elektroskop! Was kannst du beobachten?
Bei allen Körpern schlägt das Elektroskop aus, nur beim Metalllöffel nicht.

c) Welche Folgerungen kannst du aus den Experimenten ziehen?
Wenn man einen Körper durch Reiben laden kann, dann zieht er alle Materialien an.
Metall kann man auf diese Weise nicht laden.

2. Reibe zwei Luftballons an deinem Pullover und versuche, sie an die Wand oder an deinen Kopf zu „kleben"! Reibe sie erneut und versuche, sie an den geriebenen Stellen aneinander zu „kleben"! Beschreibe deine Beobachtung!
Die Luftballons kann man an die Wand oder an Haare kleben.
Sie lassen sich aber nicht an den geriebenen Stellen einander nahe bringen.
Sie stoßen sich gegenseitig ab.

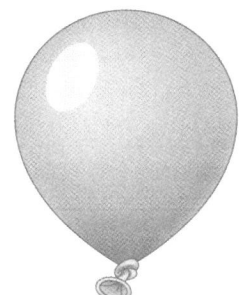

3. Lege eine Alufolie in einen Schnellhefter und reibe die Plastikoberfläche kräftig mit einem Tuch oder einem Wollschal! Öffne den Schnellhefter danach vorsichtig mit den Fingerspitzen! Berühre mit einer Glimmlampe mehrmals die Alufolie und dann mehrmals die Plastikfolie! Beobachte am besten im Dunkeln und beschreibe deine Beobachtung!
Die Glimmlampe leuchtet nur beim ersten Berühren der Alu-
folie auf, danach nicht mehr. Sie leuchtet auf der Seite der.
Hand. Berührt man die Plastikfolie an verschiedenen Stellen,
dann leuchtet die Glimmlampe immer wieder auf. Berührt man sie an der gleichen Stelle, dann leuchtet
sie nur einmal auf. Es leuchtet die Elektrode, die zur Folie weist.

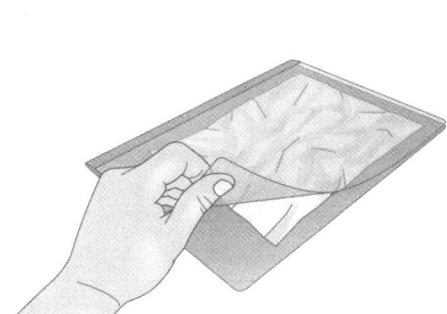

Die elektrische Ladung

1. Übertrage die im Text gesuchten Worte in das Kreuzworträtsel! Als Lösungswort ergibt sich der Fachbegriff für das Teilgebiet der Physik, das sich mit ruhenden Ladungen befasst.

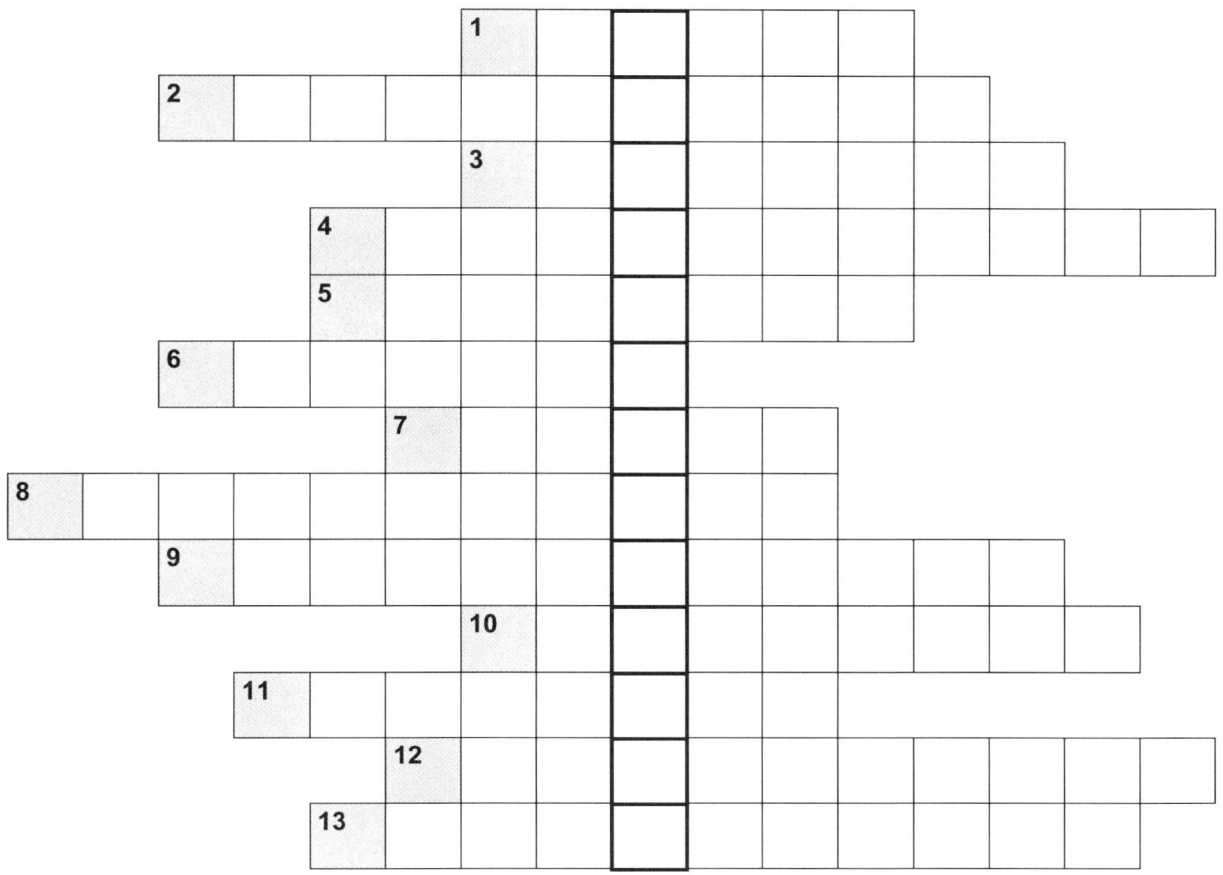

1 man z. B. einen Plastikstab mit einem Tuch, so werden beide Gegenstände **2**. Dies kann man **8**, indem man mit den geladenen Gegenständen das **4** berührt. Der **6** schlägt aus, da **10** vom Gegenstand auf das Elektroskop **9** werden. Mithilfe einer **12** kann man sogar zeigen, dass Tuch und Stab unterschiedlich geladen sind. Beim **3** geladenen Stab leuchtet die Glimmlampe an der Seite der Hand, beim **11** geladenen Tuch an der Seite des Tuchs. Sowohl beim Glimmlampentest als auch beim Ladungsnachweis mit dem Elektroskop werden beide Gegenstände entladen. Sie sind dann wieder **5**. Beim Aufladen bleiben die **7** der Objekte auf ihren Plätzen, es werden lediglich **13** vom Tuch an den Stab abgegeben.

2. Um eine negative Ladung von ein Coulomb (1 C) auf eine Metallkugel zu bringen, benötigt man $6{,}244 \cdot 10^{18}$ Elektronen. Die Ladung eines einzelnen Elektrons nennt man Elementarladung. Berechne die Elementarladung!

Die elektrische Ladung

1. Schnell die im Text gesuchten Worte in das Kreuzworträtsel. Als Lösungswort ergibt sich der Fachbegriff für das Teilgebiet der Physik, das sich mit ruhenden Ladungen befasst.

			1	R	E	I	B	T		
	2	A	U	F	G	E	L	A	D	E	N
				3	N	E	G	A	T	I	V
			4	E	L	E	K	T	R	O	S	K	O	P
				5	N	E	U	T	R	A	L
	6	Z	E	I	G	E	R
				7	A	T	O	M	E
8	N	A	C	H	W	E	I	S	E	N
9	U	E	B	E	R	T	R	A	G	E	N
				10	L	A	D	U	N	G	E	N
	11	P	O	S	I	T	I	V
				12	G	L	I	M	M	L	A	M	P	E
			13	E	L	E	K	T	R	O	N	E	N

1 man z. B. einen Plastikstab mit einem Tuch, so werden beide Gegenstände **2**. Dies kann man **8**, indem man mit den geladenen Gegenständen das **4** berührt. Der **6** schlägt aus, da **10** vom Gegenstand auf das Elektroskop **9** werden. Mithilfe einer **12** kann man sogar zeigen, dass Tuch und Stab unterschiedlich geladen sind. Beim **3** geladenen Stab leuchtet die Glimmlampe an der Seite der Hand, beim **11** geladenen Tuch an der Seite des Tuchs. Sowohl beim Glimmlampentest als auch beim Ladungsnachweis mit dem Elektroskop werden beide Gegenstände entladen. Sie sind dann wieder **5**. Beim Aufladen bleiben die **7** der Objekte auf ihren Plätzen, es werden lediglich **13** vom Tuch an den Stab abgegeben.

2. Um eine negative Ladung von ein Coulomb (1 C) auf eine Metallkugel zu bringen, benötigt man $6{,}244 \cdot 10^{18}$ Elektronen. Die Ladung eines einzelnen Elektrons nennt man Elementarladung. Berechne die Elementarladung!

$6{,}244 \cdot 10^{18}$ Elektronen haben insgesamt eine Ladung von 1 C.

Ein Elektron hat dann eine Ladung von $\dfrac{1\,C}{6{,}244 \cdot 10^{18}} = 1{,}602 \cdot 10^{-19}\,C.$

| Name: | Klasse: | Kopiervorlage | 16 |

Elektronenüberschuss und Elektronenmangel

1. In der Skizze ist ein Modell eines Atoms dargestellt.
a) Benenne die gekennzeichneten Teile!
b) Für ein elektrisch neutrales Atom gilt:

Die Anzahl der _____ ist genauso groß

wie die Anzahl der _____ im Atomkern.

A _____
B _____
C _____

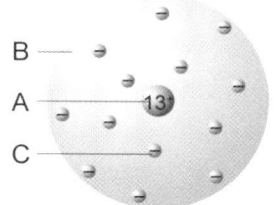

2. Welche Atome sind elektrisch neutral, welche nicht? Begründe!

a) 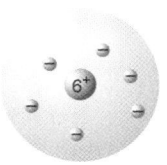   b) 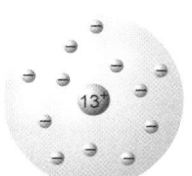   c)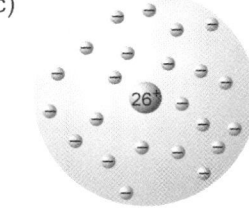

_____
_____
_____

3. Ein Stab und ein Tuch sind elektrisch neutral. Das wird in der Abbildung rechts veranschaulicht. Reibt man nun den Stab mit dem Tuch, so wird der Stab negativ aufgeladen und das Tuch positiv.
a) Welche der beiden Veranschaulichungen (I) oder (II) des negativ geladenen Stabs gibt die Realität besser wieder? Begründe!

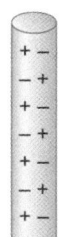 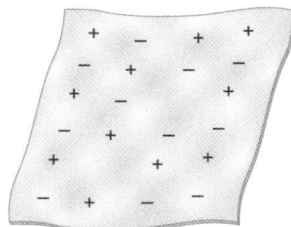

(I)   (II)

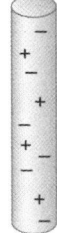 

_____
_____
_____
_____
_____
_____

b) Stelle das geladene Tuch in diesem Modell dar!
Achte darauf, dass die Realität richtig wiedergegeben wird!

© Duden Paetec GmbH. Alle Rechte vorbehalten. Internet: www.duden.de

Elektronenüberschuss und Elektronenmangel

1. In der Skizze ist ein Modell eines Atoms dargestellt.
a) Benenne die gekennzeichneten Teile!
b) Für ein elektrisch neutrales Atom gilt:

Die Anzahl der _Elektronen_ ist genauso groß

wie die Anzahl der _Protonen_ im Atomkern.

A _Atomkern_
B _Elektronenhülle_
C _Elektronen_

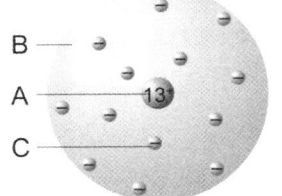

2. Welche Atome sind elektrisch neutral, welche nicht? Begründe!

a) 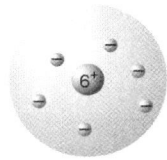 b) c)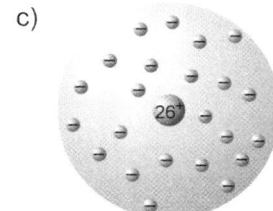

a) *Das Atom ist elektrisch neutral, da die Anzahl der Elektronen und Protonen gleich groß ist.*

b) *Das Atom ist positiv geladen, da es ein Proton mehr hat als Elektronen vorhanden sind.*

c) *Das Atom ist negativ geladen, da ihm drei Elektronen fehlen.*

3. Ein Stab und ein Tuch sind elektrisch neutral. Das wird in der Abbildung rechts veranschaulicht. Reibt man nun den Stab mit dem Tuch, so wird der Stab negativ aufgeladen und das Tuch positiv.
a) Welche der beiden Veranschaulichungen (I) oder (II) des negativ geladenen Stabs gibt die Realität besser wieder? Begründe!

(I)  (II)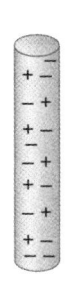

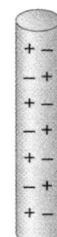
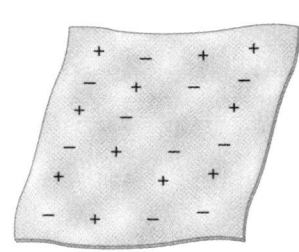

Beim Aufladen gehen Elektronen vom Tuch in den Stab über.
Die positiven Ladungen sind dagegen unbeweglich. Der Stab
hat deshalb noch gleich viele positive Ladungen, aber mehr
Elektronen als vorher. Dies wird nur in (II) dargestellt.
Der Stab hat hier immer noch 7 positive Ladungen, aber
11 negative Ladungen.

b) Stelle das geladene Tuch in diesem Modell dar!
Achte darauf, dass die Realität richtig wiedergegeben wird!

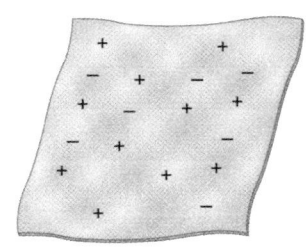

| Name: | Klasse: | Kopiervorlage | 17 |

Kräfte zwischen geladenen Körpern

1. Zwei kleine Kugeln sind an Fäden aufgehängt. Die Kugeln sind elektrisch geladen.
  a) Zeichne jeweils die Ladung der zweiten Kugel ein!

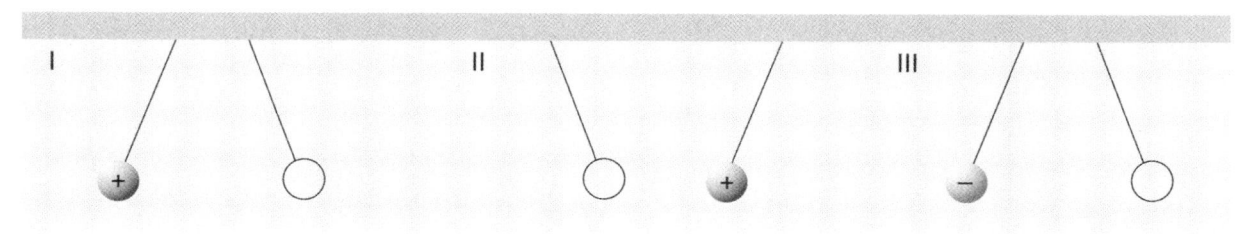

  I + ○   II ○ +   III − ○

  b) Wie lautet das Gesetz, das du beim Zeichnen als Grundlage verwendet hast?

  ___

2. Reibe eine Overheadfolie kräftig mit einem Tuch! Lasse dann ein kleines Stückchen Alufolie auf die waagerecht in die Luft gehaltene Folie fallen! Beschreibe und erkläre deine Beobachtung!
  Beobachtung:

  ___

  Erklärung:

  ___

3. Die Abbildung rechts zeigt ein Elektroskop, dessen Spitze mit einem negativ geladenen Stab berührt wird.
  a) Welche Bedeutung haben die gezeichneten Kügelchen und wie bewegen sie sich?

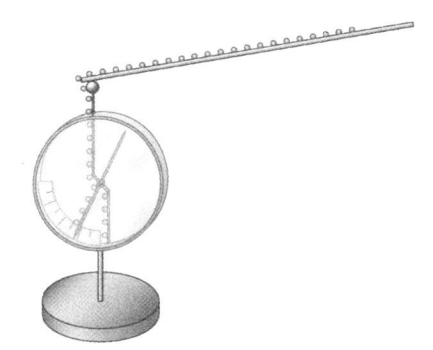

  ___

  b) Erkläre, wie der Zeigerausschlag zustande kommt!

  ___

  c) Beschreibe, wie man das Elektroskop wieder neutralisieren kann! Was geschieht dabei?

  ___

© Duden Paetec GmbH. Alle Rechte vorbehalten. Internet: www.duden.de

Kräfte zwischen geladenen Körpern

1. Zwei kleine Kugeln sind an Fäden aufgehängt. Die Kugeln sind elektrisch geladen.
a) Zeichne jeweils die Ladung der zweiten Kugel ein!

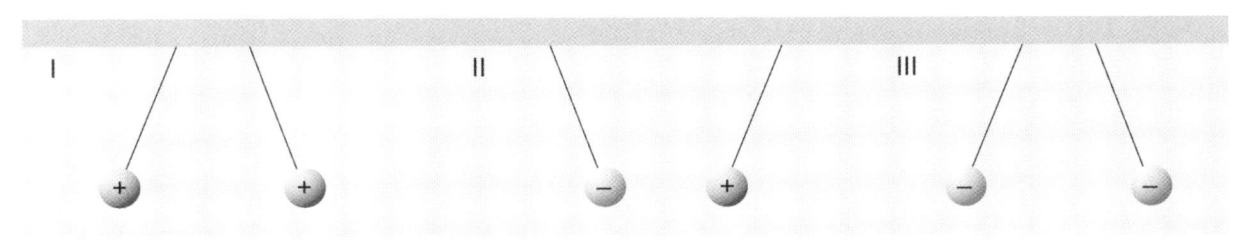

    I: + +   II: − +   III: − −

b) Wie lautet das Gesetz, das du beim Zeichnen als Grundlage verwendet hast?
Gleichnamige Ladungen stoßen sich ab, ungleichnamige Ladungen ziehen sich an.

2. Reibe eine Overheadfolie kräftig mit einem Tuch! Lasse dann ein kleines Stückchen Alufolie auf die waagerecht in die Luft gehaltene Folie fallen! Beschreibe und erkläre deine Beobachtung!
Beobachtung:
Das Aluplättchen fällt auf die Folie, berührt sie kurz und fliegt dann wieder in die Luft.

Erklärung:
Wenn das ungeladene Plättchen die Folie berührt, wird es aufgeladen.
Danach sind Folie und Plättchen gleichartig geladen, d. h. sie stoßen sich ab.
Das Plättchen fliegt wieder hoch.

3. Die Abbildung rechts zeigt ein Elektroskop, dessen Spitze mit einem negativ geladenen Stab berührt wird.
a) Welche Bedeutung haben die gezeichneten Kügelchen und wie bewegen sie sich?
Die Kügelchen stellen die beweglichen Elektronen dar.
Sie bewegen sich vom Stab auf das Elektroskop.

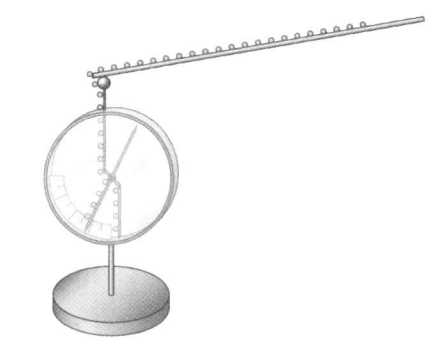

b) Erkläre, wie der Zeigerausschlag zustande kommt!
Zeiger und Stab des Elektroskops sind beide negativ geladen. Gleichartige Ladungen stoßen sich ab. Da der Zeiger drehbar gelagert ist, kommt es zum Zeigerausschlag.

c) Beschreibe, wie man das Elektroskop wieder neutralisieren kann! Was geschieht dabei?
Berührt man das Elektroskop mit einem positiv geladenen Gegenstand, verbindet es mit der Erde oder berührt es mit der Hand, dann wird es neutralisiert. Die zugeflossenen Elektronen fließen wieder.

Influenz und Polarisation

1. Zwei nicht geladene Metallkugeln A und B sind auf isolierten Ständern befestigt. Von rechts wird eine positiv geladene Metallkugel an die Kugel B genähert, **ohne diese zu berühren**. 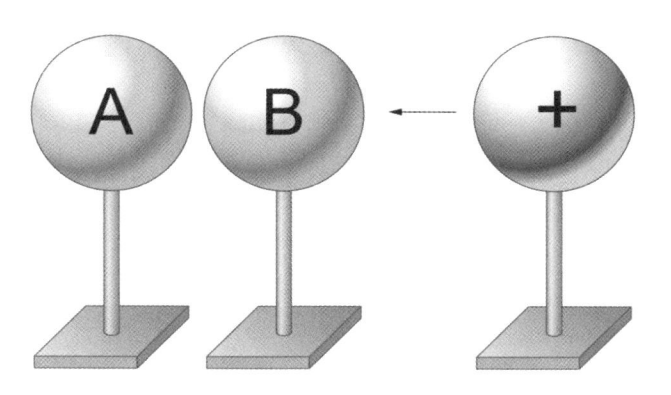
   a) Zeichne die Ladungsverteilung in den Kugeln A und B!
   b) Wie bezeichnet man dieses Phänomen?
   _____

   c) Was wird passieren, wenn die Kugeln A und B mit einem Kabel verbunden werden?
   _____
   _____
   _____

   d) Die positiv geladene Kugel und das Kabel werden entfernt. Wie muss man vorgehen, damit danach die beiden Kugeln A und B geladen sind? Beschreibe und begründe!
   _____
   _____
   _____
   _____

2. Reibe ein Plastiklineal an deinem Pullover und halte es über kleine Papierschnitzel! 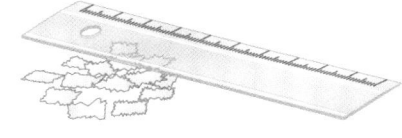
   a) Beschreibe deine Beobachtung!
   _____
   _____

   b) Erkläre deine Beobachtung! Verwende dazu die Abbildung!
   _____
   _____
   _____
   _____
   _____
   _____
   _____

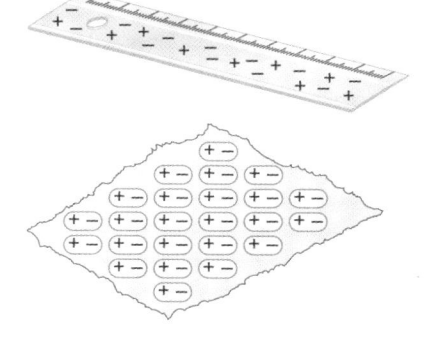

Influenz und Polarisation

1. Zwei nicht geladene Metallkugeln A und B sind auf isolierten Ständern befestigt. Von rechts wird eine positiv geladene Metallkugel an die Kugel B genähert, **ohne diese zu berühren**.
a) Zeichne die Ladungsverteilung in den Kugeln A und B!
b) Wie bezeichnet man dieses Phänomen?

  Influenz

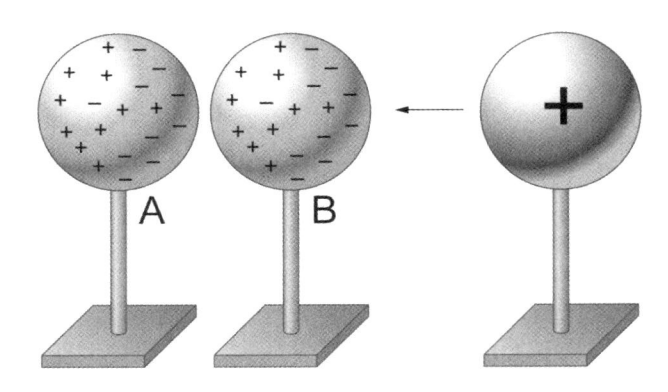

c) Was wird passieren, wenn die Kugeln A und B mit einem Kabel verbunden werden?

  Elektronen von Kugel A gehen auf Kugel B über. Kugel B ist dann negativ geladen und Kugel A ist positiv geladen. Insgesamt sind A und B aber immer noch neutral.

d) Die positiv geladene Kugel und das Kabel werden entfernt. Wie muss man vorgehen, damit danach die beiden Kugeln A und B geladen sind? Beschreibe und begründe!

  Damit die Kugeln A und B geladen sind, muss man zuerst das Kabel und dann die geladene Kugel.

  Entfernen. Die verschobenen Elektronen können dann nicht mehr zurückfließen.

2. Reibe ein Plastiklineal an deinem Pullover und halte es über kleine Papierschnitzel!
a) Beschreibe deine Beobachtung!

  Die Papierschnitzel werden angezogen.

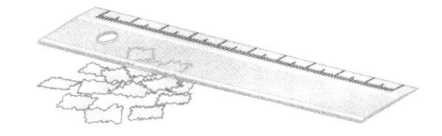

b) Erkläre deine Beobachtung! Verwende dazu die Abbildung!

  Durch das Reiben wird das Lineal negativ aufgeladen.

  Die negativen Ladungen üben eine Kraft auf die Atome

  in den Papierschnitzeln aus. Die Atome werden deformiert

  und richten sich aus.

  Das nennt man Polarisation. Die rechte Seite des Papiers ist

  negativ geladen, die linke positiv. Die linke Papierseite und

  das Lineal sind nun ungleich geladen. Sie ziehen sich an.

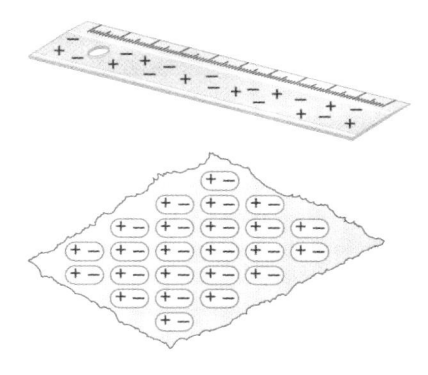

| Name: | Klasse: | Kopiervorlage | 19 |

Elektrisches Feld und Feldlinien

1. In einem elektrischen Feld befinden sich positiv und negativ geladene Körper. Die Ladung aller Körper ist gleich groß.
  a) Zeichne die Kräfte ein, die auf die geladenen Körper wirken!
  b) Welcher Zusammenhang besteht zwischen der Richtung der Feldlinien und der Richtung der Kraft auf geladene Körper?

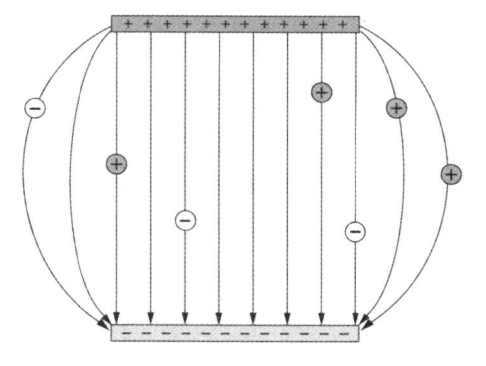

  _____
  _____
  _____

2. Zeichne die Feldlinienbilder des elektrischen Felds!
  a)   b)

3. Zwei metallische Platten werden mit einer elektrischen Quelle verbunden.
  a) Zeichne ein, wie die beiden Platten dann geladen sind!
  b) Skizziere das Feldlinienbild zwischen den beiden Platten!
  c) Was verändert sich, wenn die elektrische Quelle umgepolt wird?

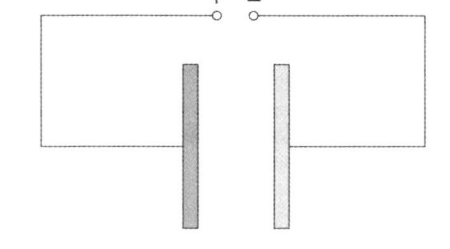

  _____
  _____
  _____

4. Die Skizze zeigt das Feldlinienbild zwischen einer negativ geladenen Platte und einer positiv geladenen Spitze.
  a) Was kann man aus einem solchen Feldlinienbild ableiten?

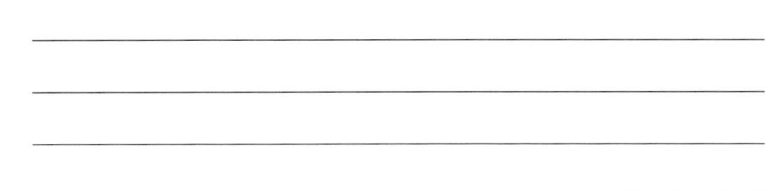

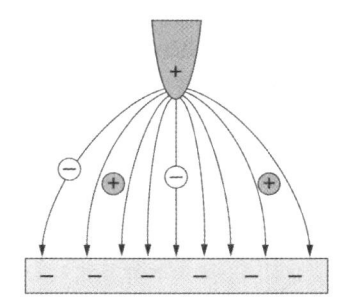

  _____
  _____
  _____
  _____

  b) Zeichne ein, in welcher Richtung eine Kraft auf die eingezeichneten Ladungsträger wirkt!

19 Lösung

Elektrisches Feld und Feldlinien

1. In einem elektrischen Feld befinden sich positiv und negativ geladene Körper. Die Ladung aller Körper ist gleich groß.
  a) Zeichne die Kräfte ein, die auf die geladenen Körper wirken!
  b) Welcher Zusammenhang besteht zwischen der Richtung der Feldlinien und der Richtung der Kraft auf geladene Körper?

  Die Kraft wirkt immer tangential zu den Feldlinien.

  Die Richtung der Feldlinien gibt die Richtung der Kraft auf

  einen positiv geladenen Körper an.

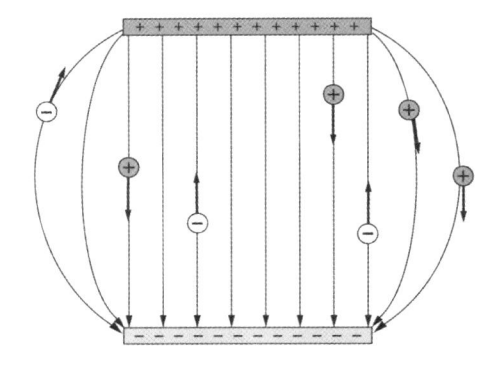

2. Zeichne die Feldlinienbilder des elektrischen Felds!
  a)   b)

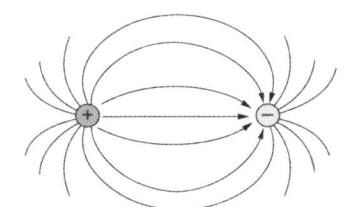

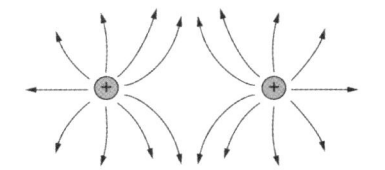

3. Zwei metallische Platten werden mit einer elektrischen Quelle verbunden.
  a) Zeichne ein, wie die beiden Platten dann geladen sind!
  b) Skizziere das Feldlinienbild zwischen den beiden Platten!
  c) Was verändert sich, wenn die elektrische Quelle umgepolt wird?

  Beim Umpolen werden die Platten werden entgegengesetzt

  aufgeladen. Die Richtung der Feldlinien ist dann

  entgegengesetzt.

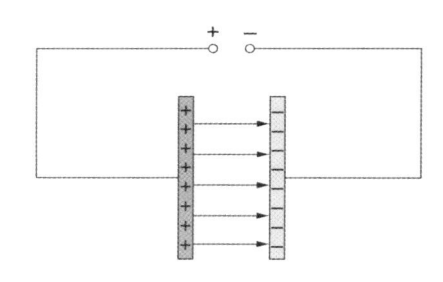

4. Die Skizze zeigt das Feldlinienbild zwischen einer negativ geladenen Platte und einer positiv geladenen Spitze.
  a) Was kann man aus einem solchen Feldlinienbild ableiten?

  Die Kraft auf geladene Körper ist in der Nähe der Spitze

  besonders groß, weil die Feldlinien hier enger liegen.

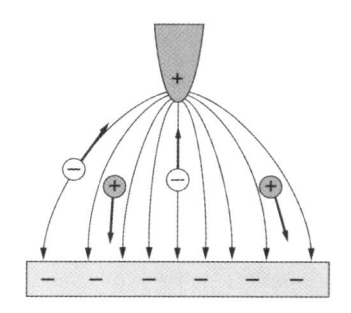

  b) Zeichne ein, in welcher Richtung eine Kraft auf die geladenen Körper wirkt!

| Name: | Klasse: | Kopiervorlage | 20 |

Verhalten bei Gewitter

1. Bei Gewitter sollte man sich **nicht** wie die Personen in den Bildern verhalten. Begründe!

2. Auch wenn der Blitz ins Auto einschlagen sollte, sind die Insassen geschützt. Begründe!

3. Die geladene Platte und die geladene Spitze in der Abbildung links können als ein Modell für eine Entladung bei Gewitter angesehen werden. Welche Folgerungen kann man daraus ziehen?

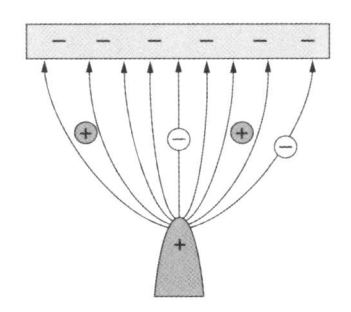

© Duden Paetec GmbH. Alle Rechte vorbehalten. Internet: www.duden.de

Verhalten bei Gewitter

1. Bei Gewitter sollte man sich **nicht** wie die Personen in den Bildern verhalten. Begründe!

Der Blitz kann in Rad und Fahrer einschlagen, da das Rad aus Metall ist und der Radfahrer in der Umgebung ein „hoher Punkt" ist.

Schlägt der Blitz ins Wasser ein, so ist die Schwimmerin sehr gefährdet, da Wasser Strom leitet.

Steht man auf der Bergspitze, stellt man den höchst gelegenen Punkt dar. Dort ist ein Blitzeinschlag besonders häufig.

2. Auch wenn der Blitz ins Auto einschlagen sollte, sind die Insassen geschützt. Begründe!

Das Auto ist ein faradayscher Käfig, da der Innenraum von einem metallischen Leiter der Karosserie umgeben ist.

Räume, die von Leitern umschlossen werden, sind feldfrei.

Dort gibt es keine Feldlinien.

3. Die geladene Platte und die geladene Spitze in der Abbildung links können als ein Modell für eine Entladung bei Gewitter angesehen werden. Welche Folgerungen kann man daraus ziehen?

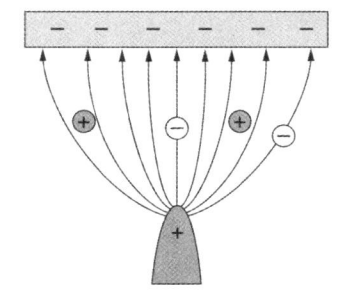

Der Spitze entsprechen hohe und spitze Objekte in der Natur, z. B. hohe Bäume oder Türme.

Dort ist die Feldstärke besonders groß. Deshalb kommt es an diesen Stellen am häufigsten zum Blitzeinschlag.

Strom und Stromstärke

1. Ströme gibt es in den unterschiedlichsten Situationen: Menschenströme, Ameisenströme, Wasserströme.
a) Wie würde man jeweils die Größe des Stroms bestimmen?
b) Unter welchen Bedingungen wäre der Strom geringer?

a)

b)

2. Die Skizze zeigt das Modell eines metallischen Leiters.
a) Beschreibe den Aufbau eines metallischen Leiters!

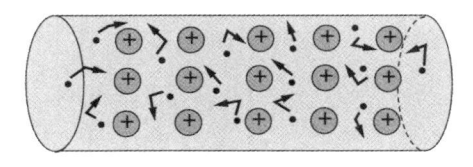

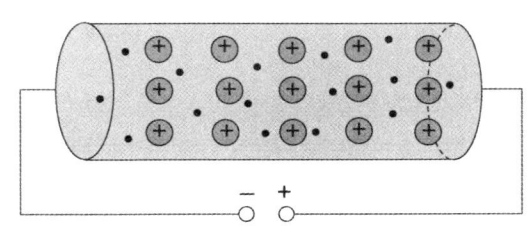

b) Zeichne die Bewegung der Elektronen in die Skizze ein, wenn der metallische Leiter an eine elektrische Quelle angeschlossen wird!

21 Lösung

Strom und Stromstärke

1. Ströme gibt es in den unterschiedlichsten Situationen: Menschenströme, Ameisenströme, Wasserströme.
a) Wie würde man jeweils die Größe des Stromes bestimmen?
b) Unter welchen Bedingungen wäre der Strom geringer?

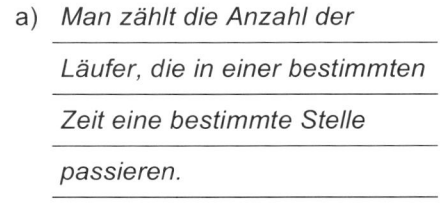

a) *Man zählt die Anzahl der Läufer, die in einer bestimmten Zeit eine bestimmte Stelle passieren.*

Man zählt die Anzahl der Ameisen, die in einer bestimmten Zeit an einer bestimmten Stelle vorbeikommen.

Man misst die Wassermenge, die in einer bestimmten Zeit aus der Öffnung tritt.

b) *– Die Läufer sind langsamer.*
– Die Läufer halten größeren Abstand.

– Die Ameisen bewegen sich langsamer.
– Nur wenige Ameisen bilden die Straße.

Man dreht den Hahn weiter zu. Dadurch entsteht ein dünnerer Wasserstrahl.

2. Die Skizze zeigt das Modell eines metallischen Leiters.
a) Beschreibe den Aufbau eines metallischen Leiters!

In einem metallischen Leiter befinden sich positiv geladene Metallionen und frei bewegliche Elektronen. Die Elektronen bewegen sich in unterschiedliche Richtungen.

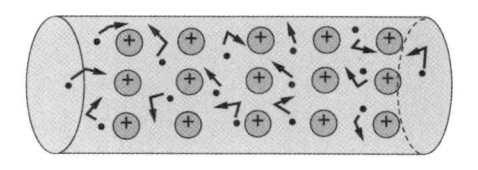

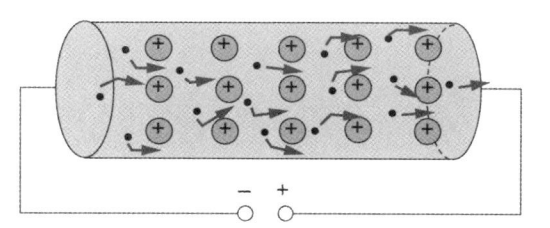

b) Zeichne die Bewegung der Elektronen in die Skizze ein, wenn der metallische Leiter an eine elektrische Quelle angeschlossen wird!

Die elektrische Stromstärke

1. Die Skizze zeigt einen elektrischen Strom durch einen metallischen Leiter.
In einem Gedankenexperiment wird jeweils eine Größe verändert und die anderen Größen werden konstant gehalten. Wie ändert sich die elektrische Stromstärke?
Ergänze!

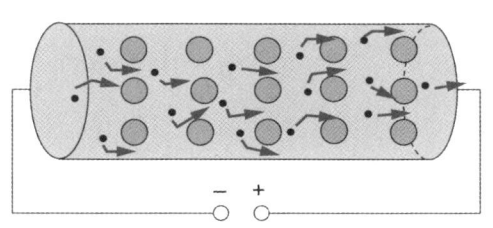

Änderung einer Größe	Auswirkung auf die Stromstärke
Die Anzahl der bewegten Elektronen wird vergrößert.	
Die Elektronen fließen langsamer.	
Der Leiterquerschnitt wird vergrößert.	

2. Rechne die gegebenen Stromstärken in der Tabelle in die jeweils andere Einheit um!
Ergänze den Lückentext!

Benannt ist die Einheit der elektrischen Stromstärke nach dem
_____ Naturforscher ANDRÉ MARIE AMPÈRE.

E lebte von _____ bis _____ .

Das Gerät, mit dem man die elektrische Stromstärke misst, nennt

Man _____ oder _____ .

Beim Messen der Stromstärke treten wie bei jeder Messung

_____ auf.

I in A	I in mA
5	
	23
0,34	
0,006	
	8 920
7,1	

3. Vervollständige die folgende Tabelle!

Physikalische Größe	Die elektrische Stromstärke gibt an ...	Formelzeichen	Einheit	Messgerät

4. Im Alltag hört man die Aussage: „Eine Glühlampe verbraucht ziemlich viel Strom." Wie kann man in einem Experiment nachweisen, dass diese Aussage nicht stimmt?
Entwirf einen Schaltplan! Führe das Experiment durch!

_____

_____

_____

_____

Die elektrische Stromstärke

1. Die Skizze zeigt einen elektrischen Strom durch einen metallischen Leiter.
In einem Gedankenexperiment wird jeweils eine Größe verändern und die anderen Größen werden konstant gehalten.
Wie ändert sich die elektrische Stromstärke?
Ergänze!

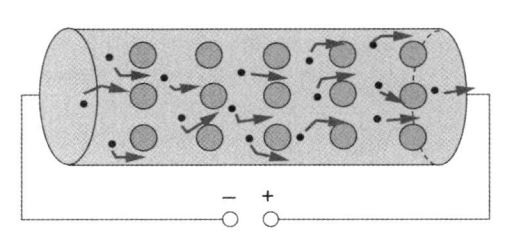

Änderung einer Größe	Auswirkung auf die Stromstärke
Die Anzahl der bewegten Elektronen wird vergrößert.	*Die Stromstärke wird größer.*
Die Elektronen fließen langsamer.	*Die Stromstärke wird kleiner.*
Der Leiterquerschnitt wird vergrößert.	*Die Stromstärke wird kleiner.*

2. Rechne die gegebenen Widerstände in der Tabelle in die jeweils andere Einheit um!
Ergänze den Lückentext!

Benannt ist die Einheit der elektrischen Stromstärke nach dem
____*französischen*____ Naturforscher ANDRÉ MARIE AMPÈRE.
E lebte von ___*1775*___ bis ___*1836*___ .
Das Gerät, mit dem man die elektrische Stromstärke misst, nennt
Man ___*Amperemeter*___ oder ___*Strommesser*___ .
Beim Messen der Stromstärke treten wie bei jeder Messung
___*Messfehler*___ auf.

I in A	I in mA
5	*5 000*
0,023	*23*
0,34	*340*
0,006	*6*
8,92	*8 920*
7,1	*7 100*

3. Vervollständige die folgende Tabelle!

Physikalische Größe	Die elektrische Stromstärke gibt an ...	Formelzeichen	Einheit	Messgerät
elektrische Stromstärke	... wie viele Ladungsträger in einer Zeiteinheit durch den Leiterquerschnitt strömen.	I	1 A 1 mA	Strommesser Amperemeter

4. Im Alltag hört man die Aussage: „Eine Glühlampe verbraucht ziemlich viel Strom." Wie kann man in einem Experiment nachweisen, dass diese Aussage nicht stimmt?
Entwirf einen Schaltplan! Führe das Experiment durch!

Man baut das Amperemeter einmal vor und einmal hinter eine Glühlampe in den Stromkreis. Die gemessene Stromstärke ist gleich. Es wird also kein Strom „verbraucht".

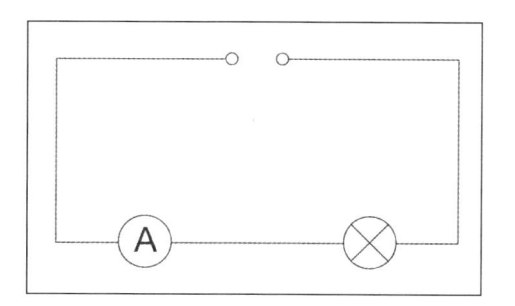

| Name: | Klasse: | Kopiervorlage | 23 |

Spannungsquellen und ihre Schaltung

1. Nenne Spannungsquellen aus deinem Alltag und gib die Größe der Spannung an!

Spannungsquelle				
Größe der Spannung				

2. Eine Lampe soll mit zwei Batterien betrieben werden.
a) Leuchtet die Lampe in der Schaltung? Begründe!

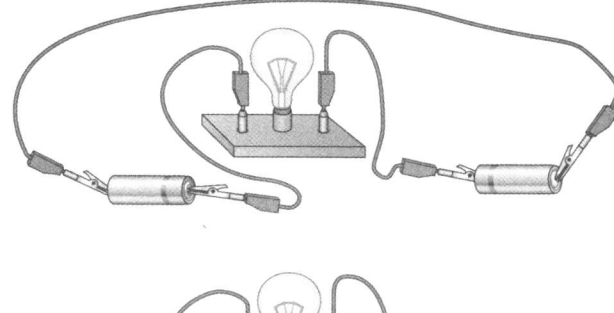

_____

_____

b) Warum leuchtet die Lampe in der zweiten Schaltung nicht? Sie ist doch mit einem Minuspol und einem Pluspol verbunden.

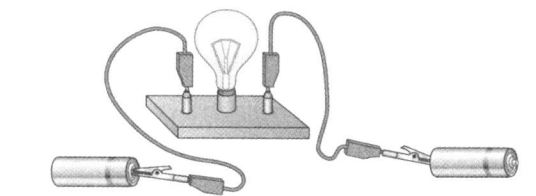

_____

_____

_____

c) Ändere die Schaltungen so ab, dass die Lampe leuchten kann!

3. Viele unserer Geräte werden mit Akkus oder Batterien betrieben, z. B. Fernbedienungen (Abb. links) und Fotoapparate (Abb. rechts). Dabei kann man unterschiedliche Arten der Schaltung erkennen.
a) Ergänze unter den Abbildungen, wie in den beiden Beispielen die Batterien geschaltet sind!
b) Warum wurde diese Art der Schaltung gewählt?

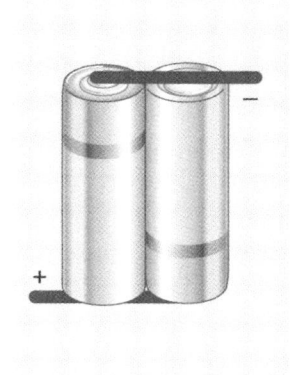

_____

_____

_____

_____

_____

_____

23 Lösung

Spannungsquellen und ihre Schaltung

1. Nenne Spannungsquellen aus deinem Alltag und gib die Größe der Spannung an!

Spannungsquelle	Knopfzelle	Steckdose	Akku vom Handy	Autobatterie
Größe der Spannung	1,35 V	230 V	3,5 V	12 V

2. Eine Lampe soll mit zwei Batterien betrieben werden.
a) Leuchtet die Lampe in der Schaltung? Begründe!

Die Lampe kann nicht leuchten, da die beiden

Batterien mit dem gleichen Pol an der Lampe

angeschlossen sind. Es kann kein Strom fließen.

b) Warum leuchtet die Lampe in der zweiten Schaltung nicht? Sie ist doch mit einem Minuspol und einem Pluspol verbunden.

Der Stromkreis ist nicht geschlossen. Die

Ladungen müssen von einer Batterie zur anderen

fließen. Dies ist nicht möglich.

c) Ändere die Schaltungen so ab, dass die Lampe leuchten kann!

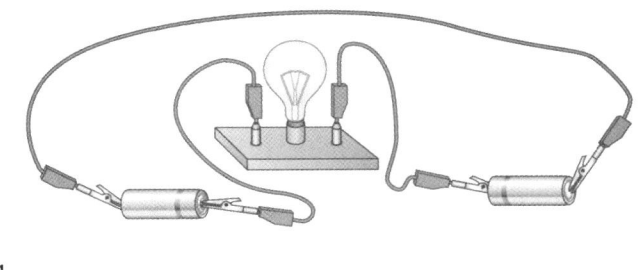

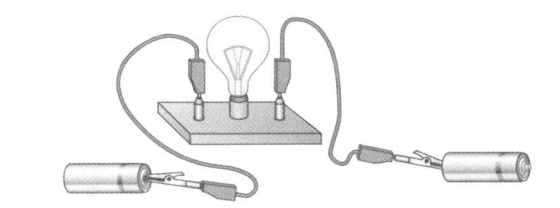

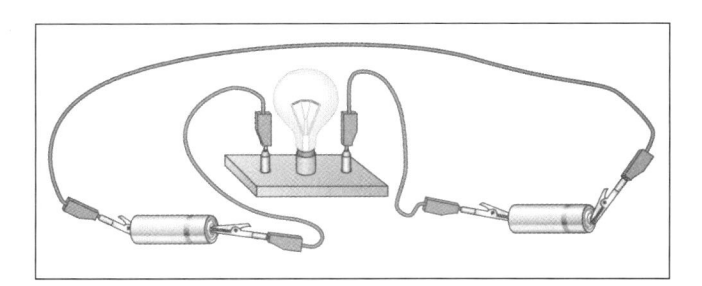

3. Viele unserer Geräte werden mit Akkus oder Batterien betrieben, z. B. Fernbedienungen (Abb. links) und Fotoapparate (Abb. rechts). Dabei kann man unterschiedliche Arten der Schaltung erkennen.
a) Ergänze unter den Abbildungen, wie in den beiden Beispielen die Batterien geschaltet sind!
b) Warum wurde diese Art der Schaltung gewählt?

Für den Betrieb einer Fernbedienung wird die

Summe der beiden Spannungen benötigt.

Für den Betrieb eines Fotoapparats reicht die

Spannung einer Batterie aus. Durch Parallel-

schaltung der Batterien wird die Betriebszeit

vergrößert.

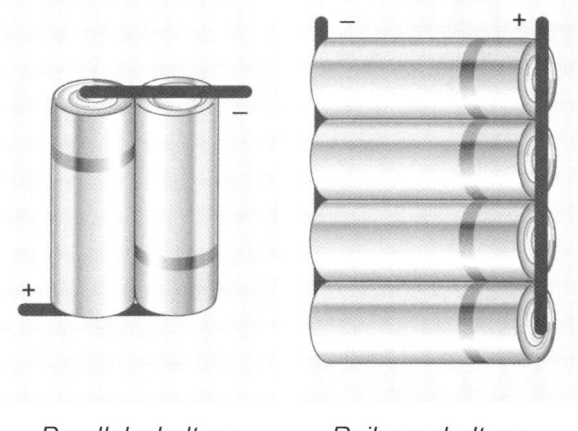

Parallelschaltung   *Reihenschaltung*

Name: Klasse: **Kopiervorlage 24**

Die elektrische Spannung

1. Rechne die gegebenen Spannungen in der Tabelle in die anderen Einheiten um! Ergänze den Lückentext!

Die Einheit der elektrischen Spannung ist nach dem italienischen Naturforscher _____

benannt. Er lebte von _____ bis _____ .

Das Messgerät zur Messung der Spannung nennt

man _____ oder _____ .

VOLTA konstruierte auch die ersten _____ .

U in kV	U in V	U in mV
	15,8	
1		
	0,42	
380		
	15 000	

2. Kreuze in der Tabelle an, welche der Aussagen für die Fälle A bis D zutreffen!

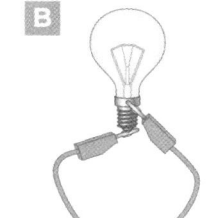

	A	B	C	D
Es fließt ein elektrischer Strom bei				
Eine elektrische Spannung ist vorhanden bei				
Es fließt ein elektrischer Strom und es tritt eine elektrische Spannung auf.				

3. Wo steckt der Fehlerteufel? Korrigiere mit farbigem Stift! Begründe deine Korrektur!

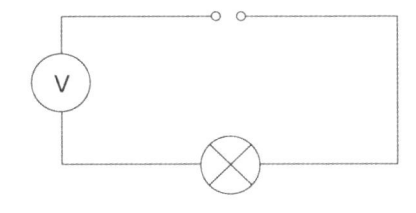

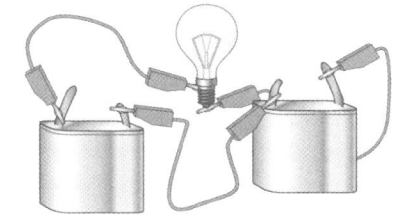

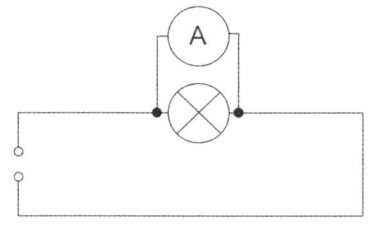

_____ _____ _____
_____ _____ _____
_____ _____ _____
_____ _____ _____

Die elektrische Spannung

1. Rechne die gegebenen Spannungen in der Tabelle in die anderen Einheiten um! Ergänze den Lückentext!

Die Einheit der elektrischen Spannung ist nach dem italienischen Naturforscher _Alessandro Volta_ benannt. Er lebte von _1745_ bis _1827_.
Das Messgerät zur Messung der Spannung nennt man _Voltmeter_ oder _Spannungsmesser_.
VOLTA konstruierte auch die ersten _Batterien_.

U in kV	U in V	U in mV
0,015 8	15,8	15 800
1	1 000	1 000 000
0,000 42	0,42	420
380	380 000	380 000 000
15	15 000	15 000 000

2. Kreuze in der Tabelle an, welche der Aussagen für die Fälle A bis D zutreffen!

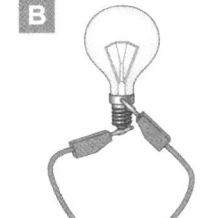

	A	B	C	D
Es fließt ein elektrischer Strom bei			X	
Eine elektrische Spannung ist vorhanden bei	X		X	X
Es fließt ein elektrischer Strom und es tritt eine elektrische Spannung auf.			X	

3. Wo steckt der Fehlerteufel? Korrigiere mit farbigem Stift! Begründe deine Korrektur!

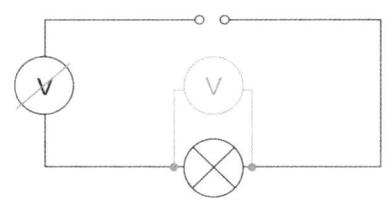

Ein Spannungsmesser wird immer parallel zum Bauteil geschaltet.

Die beiden Batterien müssen richtig miteinander verbunden werden, z. B. der Minuspol der einen mit dem Pluspol der anderen Batterie.

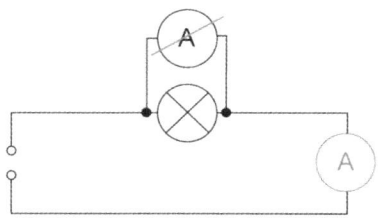

Ein Strommesser wird immer in Reihe mit dem Bauteil geschaltet.

| Name: | Klasse: | Kopiervorlage | 25 |

Aufnahme von Kennlinien

Untersuche experimentell den Zusammenhang zwischen Stromstärke und Spannung an einer Glühlampe und an einem Konstantandraht!

Vorbereitung:
Zeichne jeweils einen Schaltplan für die Aufnahme der *I-U*-Kennlinie!

Glühlampe   Konstantandraht

Durchführung:
a) Baue die Schaltungen nach den Schaltplänen auf und miss die Stromstärke für unterschiedliche Spannungen!
b) Trage die Messwerte in die Tabellen ein!

Glühlampe

U in V					
I in mA					
R in Ω					

Konstantandraht

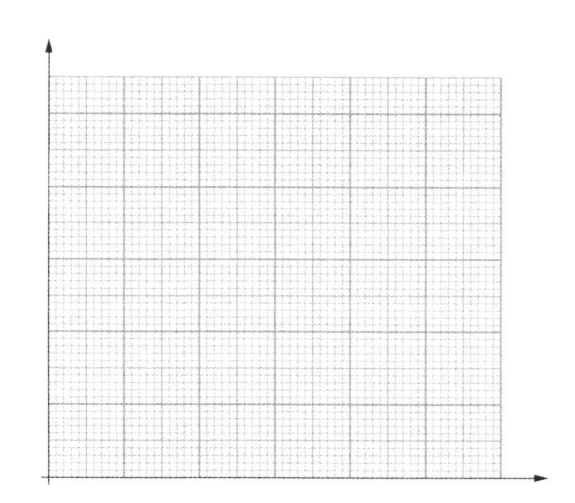

U in V					
I in mA					
R in Ω					

Auswertung:

a) Zeichne die Kennlinien beider Bauteile verschiedenfarbig in das Diagramm ein!
b) Welche Aussagen kann man über den Zusammenhang zwischen Spannung und Stromstärke treffen?

_____

_____

_____

c) Berechne für jedes Messwertepaar den elektrischen Widerstand und trage die Ergebnisse in die Tabellen ein!
d) Vergleiche die Widerstände bei unterschiedlichen Spannungen für die beiden Bauteile! Was kannst du über die Gültigkeit des ohmschen Gesetzes aussagen?

_____

_____

_____

25 Lösung

Aufnahme von Kennlinien

Untersuche experimentell den Zusammenhang zwischen Stromstärke und Spannung an einer Glühlampe und an einem Konstantandraht!

Vorbereitung:
Zeichne jeweils einen Schaltplan für die Aufnahme der I-U-Kennlinie!

Glühlampe

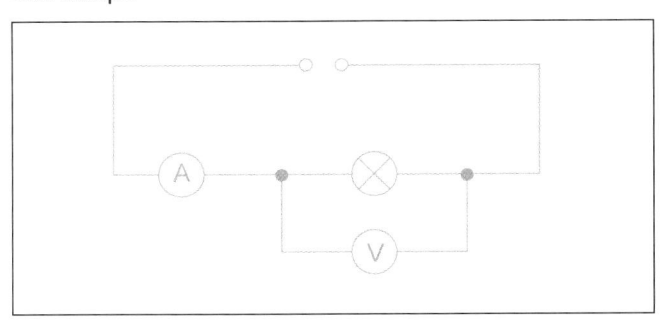

Konstantandraht

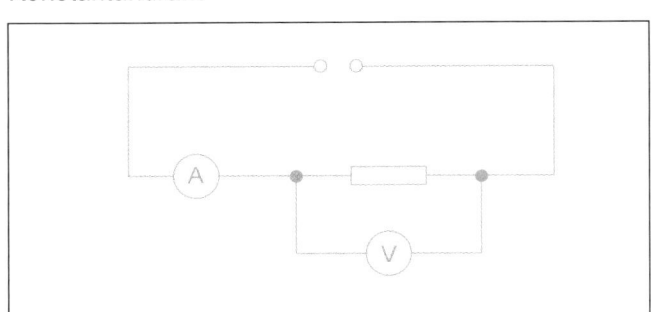

Durchführung:
a) Baue die Schaltungen nach den Schaltplänen auf und miss die Stromstärke für unterschiedliche Spannungen!
b) Trage die Messwerte in die Tabellen ein!

Auswertung:

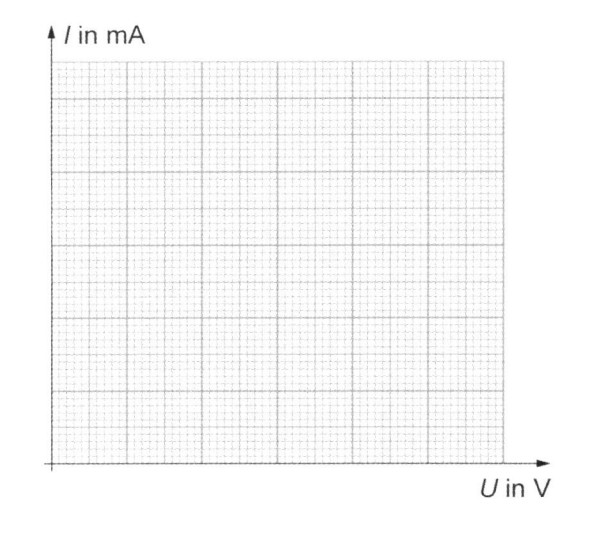

Glühlampe

U in V					
I in mA					
R in Ω					

Konstantandraht

U in V					
I in mA					
R in Ω					

a) Zeichne die Kennlinien beider Bauteile verschiedenfarbig in das Diagramm ein!
b) Welche Aussagen kann man über den Zusammenhang zwischen Spannung und Stromstärke treffen?

Bei der Glühlampe sind Spannung und Stromstärke nicht proportional.

Bei dem Konstantandraht ergibt sich: $I \sim U$

c) Berechne für jedes Messwertepaar den elektrischen Widerstand und trage die Ergebnisse in die Tabellen ein!
d) Vergleiche die Widerstände bei unterschiedlichen Spannungen für die beiden Bauteile! Was kannst du über die Gültigkeit des ohmschen Gesetzes aussagen?

Der Widerstand des Konstantandrahts ist konstant. Bei der Glühlampe vergrößert sich

mit steigender Spannung der Widerstand. Nur für den Konstantandraht gilt das ohmsche Gesetz.

| Name: | Klasse: | Kopiervorlage | 26 |

Der elektrische Widerstand

1. Die Skizze zeigt den Aufbau eines metallischen Leiters. Erkläre mit dem Modell der Elektronenleitung das Zustandekommen des elektrischen Widerstands bei Stromfluss!

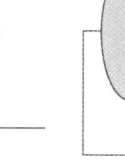

_____

_____

_____

_____

2. Rechne die gegebenen Widerstände in der Tabelle in die jeweils andere Einheit um! Ergänze den Lückentext!

Die Einheit des elektrischen Widerstands ist nach dem deutschen Lehrer und Forscher _____ benannt worden. Er lebte von _____ bis _____.
Das Messgerät für den elektrischen Widerstand nennt man _____ .

R in Ω	R in kΩ	R in MΩ
2 500		
	0,75	
		3
	15	
500 000		

3. Vervollständige die folgende Tabelle!

Physikalische Größe	Der elektrische Widerstand gibt an ...	Formelzeichen	Einheit	Gleichung

4. Welche der folgenden Sprechweisen sind physikalisch korrekt, welche nicht? Kreuze an!

	richtig	falsch
Der Strom fließt durch einen Widerstand.		
Die Spannung liegt an einem Widerstand an.		
Der Strom liegt an einem Widerstand an.		
Der Widerstand bremst die Spannung.		
Der Widerstand hemmt den Stromfluss.		

Der elektrische Widerstand

1. Die Skizze zeigt den Aufbau eines metallischen Leiters. Erkläre mit dem Modell der Elektronenleitung das Zustandekommen des elektrischen Widerstands bei Stromfluss!

Beim Anlegen einer elektrischen Quelle bewegen sich die Elektronen im Leiter gerichtet. Ihre Bewegung wird durch die Metallionen des Leiters behindert. Dies stellt den Widerstand dar.

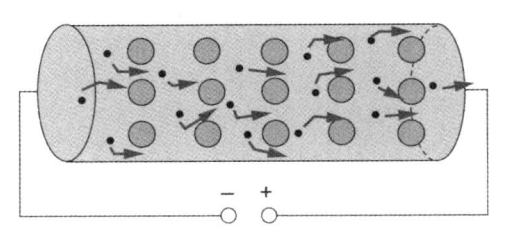

2. Rechne die gegebenen Widerstände in der Tabelle in die jeweils andere Einheit um! Ergänze den Lückentext!

Die Einheit des elektrischen Widerstands ist nach dem deutschen Lehrer und Forscher ___Georg Simon Ohm___ benannt worden. Er lebte von ___1789___ bis ___1854___. Das Messgerät für den elektrischen Widerstand nennt man ___Ohmmeter___.

R in Ω	R in $k\Omega$	R in $M\Omega$
2 500	2,5	0,002 5
750	0,75	0,000 75
3 000 000	3 000	3
15 000	15	0,015
500 000	500	0,5

3. Vervollständige die folgende Tabelle!

Physikalische Größe	Der elektrische Widerstand gibt an ...	Formelzeichen	Einheit	Gleichung
elektrischer Widerstand	... wie stark der elektrische Stromfluss in ihm behindert wird.	R	$1\,\Omega$ $1\,k\Omega$ $1\,M\Omega$	$R = \dfrac{U}{I}$

4. Welche der folgenden Sprechweisen sind physikalisch korrekt, welche nicht? Kreuze an!

	richtig	falsch
Der Strom fließt durch einen Widerstand.	X	
Die Spannung liegt an einem Widerstand an.	X	
Der Strom liegt an einem Widerstand an.		X
Der Widerstand bremst die Spannung.		X
Der Widerstand hemmt den Stromfluss.	X	

Das ohmsche Gesetz

1. Wie lautet das ohmsche Gesetz?

_____

_____

2. An einem Bauteil wurde die Stromstärke bei verschiedenen Spannungen gemessen.

U in V	I in mA
2	48
4	103
6	147
8	205
10	250

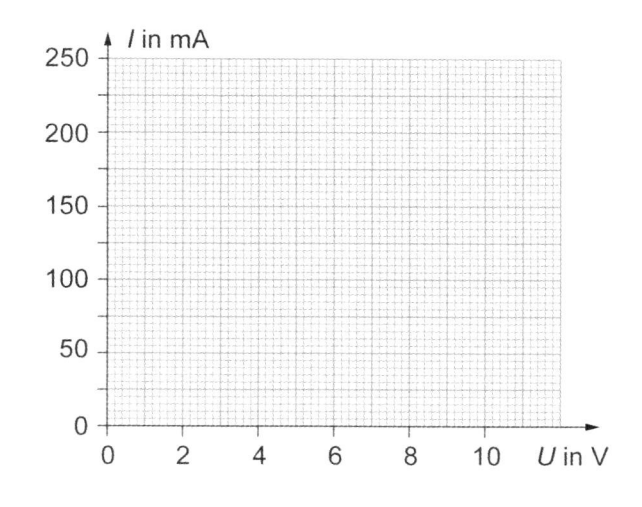

a) Zeichne ein I-U-Diagramm! Was lässt sich aus diesem Diagramm über den Zusammenhang zwischen Spannung und Stromstärke ableiten?

_____

_____

b) Ergänze mithilfe des I-U-Diagramms die Tabelle!

U in V	1	7	11			
I in mA				75	150	225

3. Die Abbildung zeigt die I-U-Kennlinie eines Bauteils.
a) Welchen Widerstand hat das Bauteil?

_____

b) Welche Stromstärke fließt durch den Widerstand, wenn die Spannung 30 V beträgt?

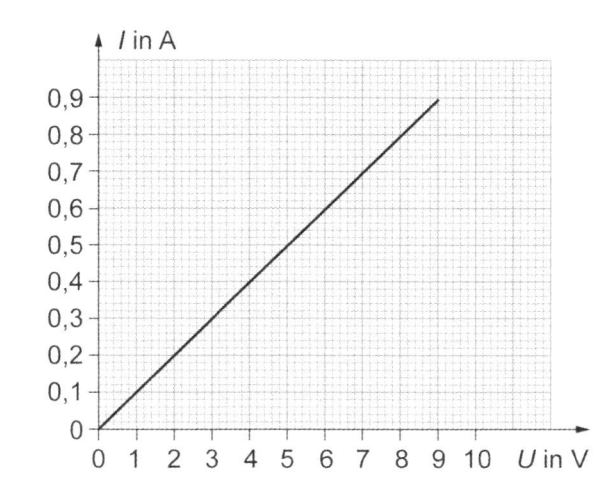

_____

Das ohmsche Gesetz

1. Wie lautet das ohmsche Gesetz?

Für alle metallischen Leiter gilt unter der Bedingung, dass die Temperatur konstant ist: I ~ U

2. An einem Bauteil wurde die Stromstärke bei verschiedenen Spannungen gemessen.

U in V	I in mA
2	48
4	103
6	147
8	205
10	250

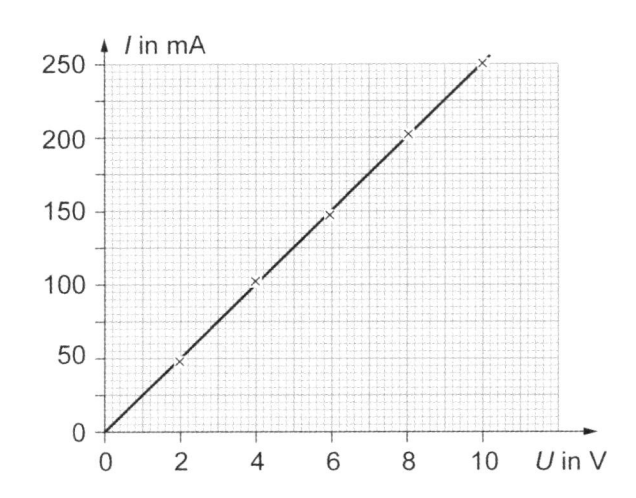

a) Zeichne ein *I-U*-Diagramm! Was lässt sich aus diesem Diagramm über den Zusammenhang zwischen Spannung und Stromstärke ableiten?

Spannung und Stromstärke sind zueinander proportional. Es gilt I ~ U.

b) Ergänze mithilfe des *I-U*-Diagramms die Tabelle!

U in V	1	7	11	3	6	9
I in mA	25	175	275	75	150	225

3. Die Abbildung zeigt die *I-U*-Kennlinie eines Bauteils.

a) Welchen Widerstand hat das Bauteil?

$R = \frac{U}{I} = \frac{9\,V}{0{,}9\,A} = 10\,\Omega$

b) Welche Stromstärke fließt durch den Widerstand, wenn die Spannung 30 V beträgt?

$I = \frac{U}{R} = \frac{30\,V}{10\,\Omega} = 3\,A$

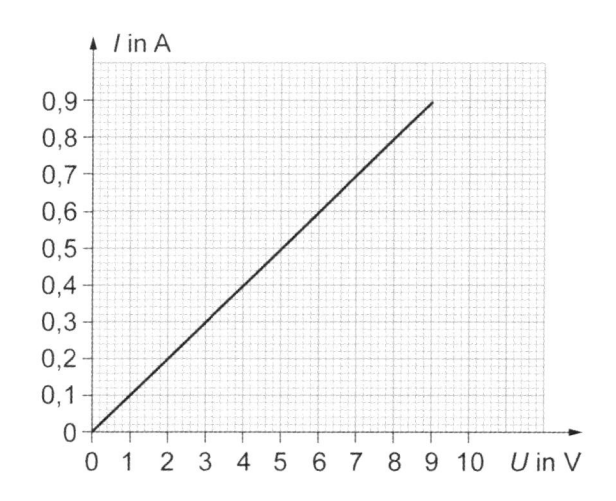

Kopiervorlage 28

Abhängigkeit des elektrischen Widerstands von der Leiterlänge

Untersuche experimentell den Zusammenhang zwischen dem elektrischen Widerstand und der Länge eines metallischen Drahts!

Vorbereitung:
a) Welche physikalischen Größen ändern sich, welche müssen konstant gehalten werden?

_____

_____

b) Entwirf einen Schaltplan zur Durchführung der Messung!

Durchführung:
Miss für verschiedene Längen l des metallischen Leiters die Spannung U und die Stromstärke I!
Trage die Ergebnisse in die Messwertetabelle ein!

Länge l des Leiters in m					
U in V					
I in A					
R in Ω					

Auswertung:
a) Berechne für jedes Wertepaar den elektrischen Widerstand! Trage ihn in die Tabelle ein!
b) Stelle den Zusammenhang zwischen der Länge des Leiters und seinem elektrischen Widerstand im Diagramm dar! Welcher Zusammenhang könnte zwischen der Länge des Leiters und seinem elektrischen Widerstand bestehen?

_____

c) Überprüfe rechnerisch, ob zwischen der Länge des Leiters und seinem elektrischen Widerstand direkte Proportionalität bestehen könnte!

Abhängigkeit des elektrischen Widerstands von der Leiterlänge

Untersuche experimentell den Zusammenhang zwischen dem elektrischen Widerstand und der Länge eines metallischen Drahts!

Vorbereitung:
a) Welche physikalischen Größen ändern sich, welche müssen konstant gehalten werden?

Die Länge des Drahts wird verändert. Die Querschnittsfläche des Drahts und der Stoff, aus dem der

Draht besteht, bleiben konstant. In Abhängigkeit von der Länge wird bei einer bestimmten Stromstärke

die Spannung gemessen, die am Draht anliegt.

b) Entwirf einen Schaltplan zur Durchführung der Messung!

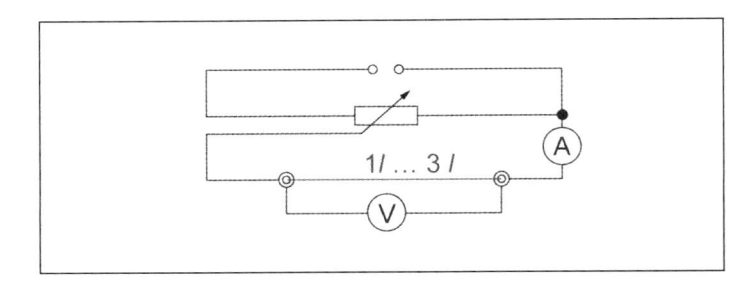

Durchführung:
Miss für verschiedene Längen l des metallischen Leiters die Spannung U und die Stromstärke I!
Trage die Ergebnisse in die Messwertetabelle ein!

Länge l des Leiters in m	1	2	3		
U in V	1,6	3,2	4,8		
I in A	0,1	0,1	0,1		
R in Ω	16	32	48		

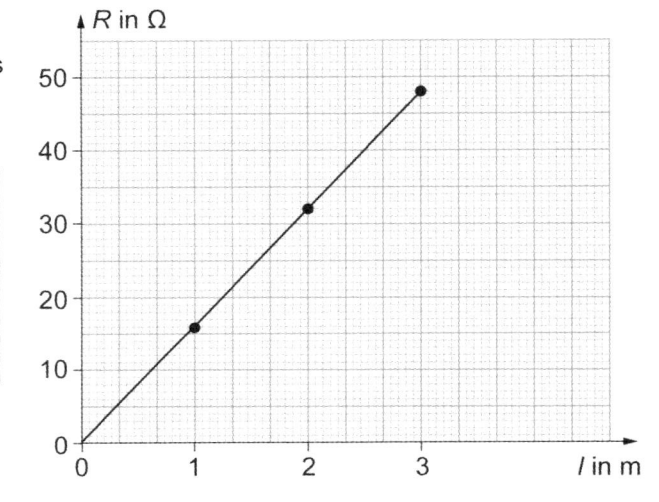

Auswertung:
a) Berechne für jedes Wertepaar den elektrischen Widerstand! Trage ihn in die Tabelle ein!
b) Stelle den Zusammenhang zwischen der Länge des Leiters und seinem elektrischen Widerstand im Diagramm dar! Welcher Zusammenhang könnte zwischen der Länge des Leiters und seinem elektrischen Widerstand bestehen?

Aus dem Diagramm ergibt sich: Der Widerstand vergrößert sich gleichmäßig mit zunehmender

Länge des Leiters. Es könnte gelten: R ~ l

c) Überprüfe rechnerisch, ob zwischen der Länge des Leiters und seinem elektrischen Widerstand direkte Proportionalität bestehen könnte!

Es ist jeweils der Quotient $\frac{R}{l}$ zu bilden. Der Quotient ist konstant. Er beträgt 16 Ω/m.
Damit gilt R ~ l, wenn A = konstant und ρ = konstant sind.

| Name: | Klasse: | Kopiervorlage | 29 |

Abhängigkeit des elektrischen Widerstands von der Querschnittsfläche

Untersuche experimentell den Zusammenhang zwischen dem elektrischen Widerstand und der Querschnittsfläche eines metallischen Drahts!

Vorbereitung:
a) Welche physikalischen Größen ändern sich, welche müssen konstant gehalten werden?

b) Entwirf einen Schaltplan zur Durchführung der Messung!

Durchführung:
Miss für metallische Drähte mit verschiedener Querschnittsfläche A die Spannung U und die Stromstärke I! Trage die Ergebnisse in die Messwertetabelle ein!

Querschnittsfläche A in mm^2					
U in V					
I in mA					
R in Ω					

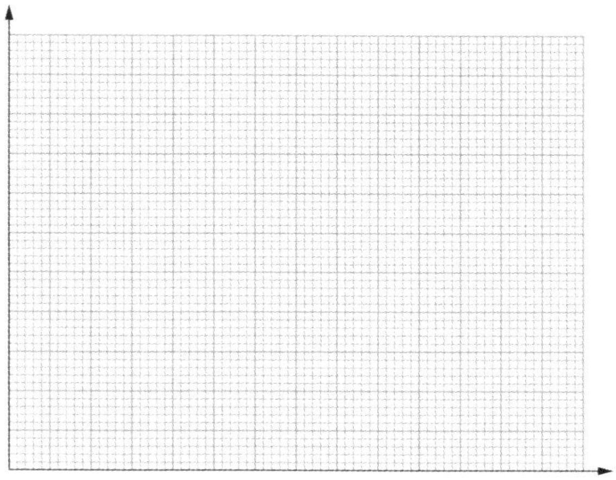

Auswertung:
a) Berechne für jedes Wertepaar den elektrischen Widerstand! Trage ihn in die Tabelle ein!
b) Stelle den Zusammenhang zwischen der Querschnittsfläche eines metallischen Leiters und seinem elektrischen Widerstand im Diagramm dar! Welcher Zusammenhang könnte zwischen der Querschnittsfläche und dem Widerstand bestehen?

c) Überprüfe rechnerisch, ob die Querschnittsfläche des Leiters und sein elektrischer Widerstand indirekt proportional sein könnten!

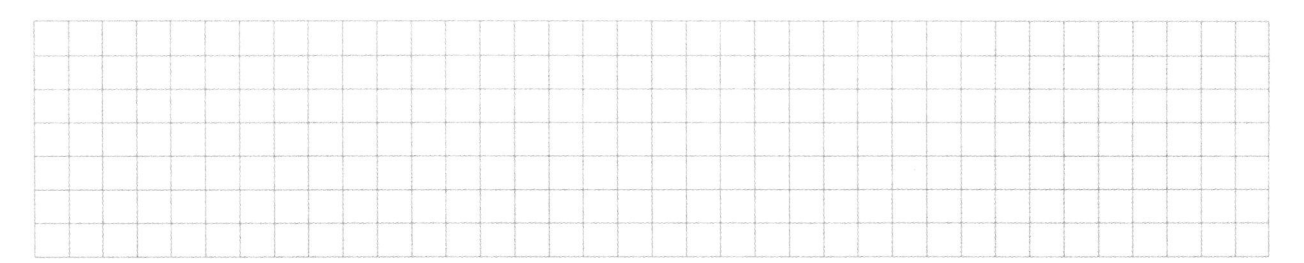

Abhängigkeit des elektrischen Widerstands von der Querschnittsfläche

Untersuche experimentell den Zusammenhang zwischen dem elektrischen Widerstand und der Querschnittsfläche eines metallischen Drahts!

Vorbereitung:
a) Welche physikalischen Größen ändern sich, welche müssen konstant gehalten werden?

Für unterschiedliche Querschnittsflächen werden jeweils die Spannung und die Stromstärke gemessen.

Leiterlänge und Material des Drahts müssen konstant gehalten werden.

b) Entwirf einen Schaltplan zur Durchführung der Messung!

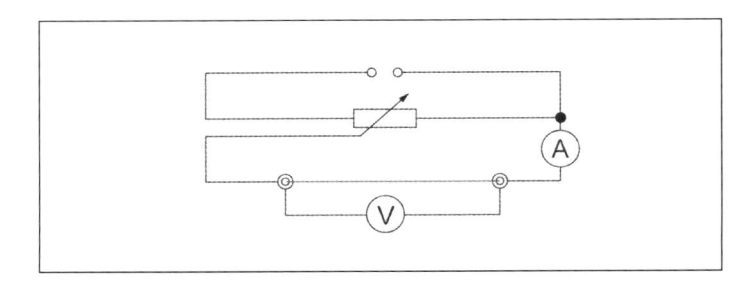

Durchführung:
Miss für metallische Drähte mit verschiedener Querschnittsfläche A die Spannung U und die Stromstärke I! Trage die Ergebnisse in die Messwertetabelle ein!

Querschnitts-fläche A in mm²				
U in V				
I in mA				
R in Ω				

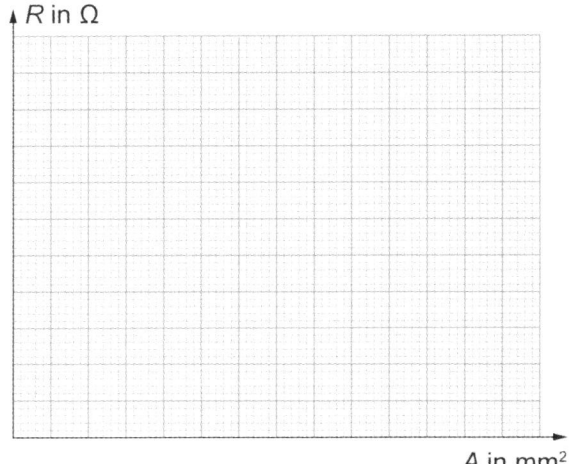

Auswertung:
a) Berechne für jedes Wertepaar den elektrischen Widerstand! Trage ihn in die Tabelle ein!
b) Stelle den Zusammenhang zwischen der Querschnittsfläche eines metallischen Leiters und seinem elektrischen Widerstand im Diagramm dar! Welcher Zusammenhang könnte zwischen der Querschnittsfläche und dem Widerstand bestehen?

Es könnte sich um eine Hyperbel handeln, d. h., der Widerstand könnte indirekt proportional zu seiner Querschnittsfläche sein.

c) Überprüfe rechnerisch, ob die Querschnittsfläche des Leiters und sein elektrischer Widerstand indirekt proportional sein könnten!

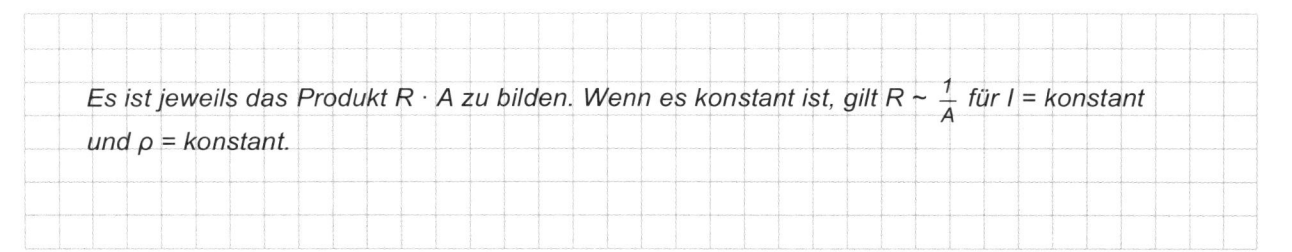

Es ist jeweils das Produkt $R \cdot A$ zu bilden. Wenn es konstant ist, gilt $R \sim \frac{1}{A}$ für l = konstant und ρ = konstant.

| Name: | Klasse: | Kopiervorlage | 30 |

Widerstand und spezifischer elektrischer Widerstand

1. Vergleiche den elektrischen Widerstand der Leiter miteinander! Begründe deine Aussagen!

a) Alle Leiter bestehen aus Kupfer und sind gleich lang.

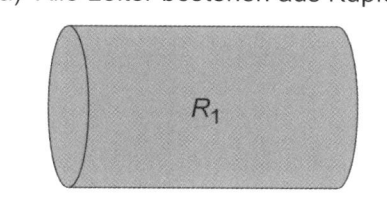

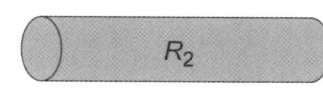

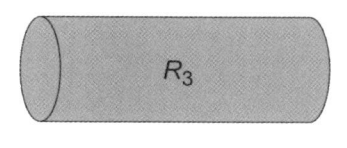

R_1 R_2 R_3

_____
_____

b) Alle Leiter bestehen aus Stahl und haben den gleichen Durchmesser.

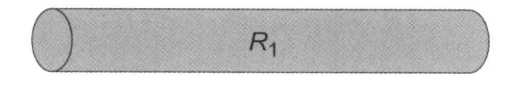

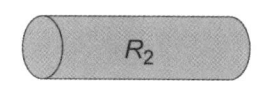

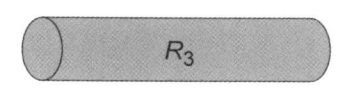

R_1 R_2 R_3

_____
_____

c) Alle Leiter haben die gleiche Länge und die gleiche Querschnittsfläche.

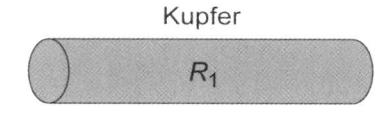

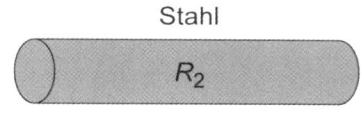

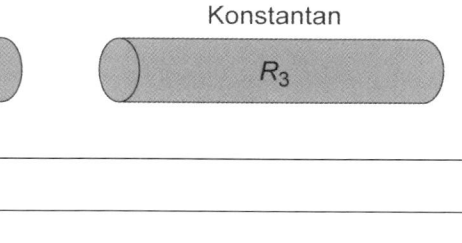

Kupfer   Stahl   Konstantan
R_1 R_2 R_3

_____
_____
_____

2. Zwei Drähte bestehen aus gleichem Material und haben die gleiche Länge. Wie verhalten sich ihre elektrischen Widerstände zueinander, wenn sich die Durchmesser der Drähte wie 1:2 verhalten? Begründe deine Aussagen!

Widerstand und spezifischer elektrischer Widerstand

1. Vergleiche den elektrischen Widerstand der Leiter miteinander! Begründe deine Aussagen!
a) Alle Leiter bestehen aus Kupfer und sind gleich lang.

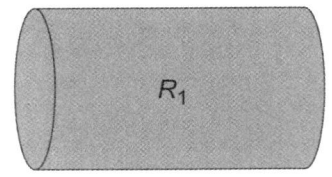

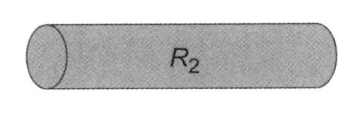

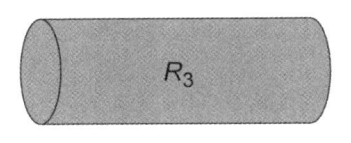

Es ist $R_1 < R_3 < R_2$, da für den elektrischen Widerstand bei einer bestimmten Länge und bei bestimmtem Material gilt: $R \sim 1/A$

b) Alle Leiter bestehen aus Stahl und haben den gleichen Durchmesser.

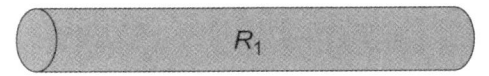

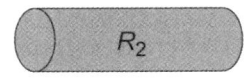

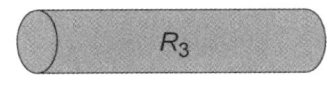

Es ist $R_2 < R_3 < R_1$, da für den elektrischen Widerstand bei einer bestimmten Querschnittsfläche und bei bestimmtem Material gilt: $R \sim l$

c) Alle Leiter haben die gleiche Länge und die gleiche Querschnittsfläche.

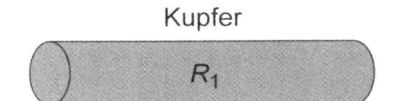

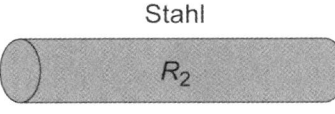

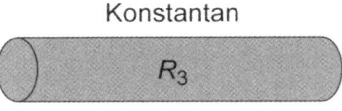

Kupfer — Stahl — Konstantan

Es ist $R_1 < R_2 < R_3$, da für den elektrischen Widerstand bei bestimmter Länge und Querschnittsfläche gilt: Je kleiner der spezifische Widerstand, desto kleiner der Widerstand. Für die spezifischen Widerstände gilt: $\rho_{Cu} < \rho_{Stahl} < \rho_{Konstantan}$

2. Zwei Drähte bestehen aus dem gleichem Material und haben die gleiche Länge. Wie verhalten sich ihre elektrischen Widerstände zueinander, wenn sich die Durchmesser der Drähte wie 1:2 verhalten? Begründe deine Aussagen!

Gesucht: $R_1 : R_2$

Gegeben: $d_2 = 2 d_1$
$\rho_1 = \rho_2$
$l_1 = l_2$

Lösung: Bei den gegebenen Bedingungen gilt:

$R \sim \dfrac{1}{A}$, mit $A = \dfrac{1}{4} \pi d^2$

Damit erhält man: $\dfrac{R_1}{R_2} = \dfrac{4}{1}$

Der Draht mit dem doppelten Durchmesser hat nur einen ein Viertel so großen elektrischen Widerstand wie der andere Draht.

| Name: | Klasse: | Kopiervorlage | 31 |

Der Widerstand als Bauteil

1. Pia kann die Aufschrift auf einem Widerstand nicht mehr erkennen, möchte aber dessen Wert wissen.
 a) Zeichne den Schaltplan für ein Experiment, mit dem sie den Wert herausfinden kann!
 b) Beschreibe das Vorgehen!

2. Tim hat eine andere Idee, wie er den Wert des Widerstands ermitteln kann (siehe Abbildung rechts).
 a) Zeichne den Schaltplan für seinen Versuchsaufbau!

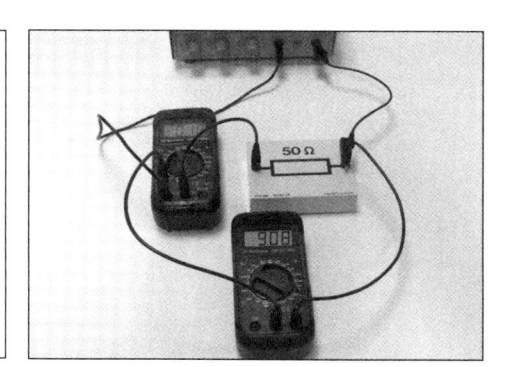

 b) Vergleiche die Ideen von Pia und Tim!

3. Welche der beiden Lösungen würdest du wählen? Begründe!

© Duden Paetec GmbH. Alle Rechte vorbehalten. Internet: www.duden.de

Der Widerstand als Bauteil

1. Pia kann die Aufschrift auf einem Widerstand nicht mehr erkennen, möchte aber dessen Wert wissen.
a) Zeichne den Schaltplan für ein Experiment, mit dem sie den Wert herausfinden kann!
b) Beschreibe das Vorgehen!

Es wird die Spannung am Widerstand und die Stromstärke durch den Widerstand gemessen. Mit der Gleichung $R = \frac{U}{I}$ kann daraus der gesuchte Widerstand berechnet werden.

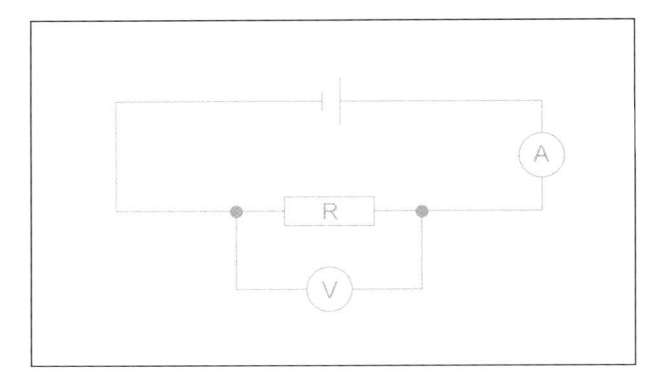

2. Tim hat eine andere Idee, wie er den Wert des Widerstands ermitteln kann (siehe Abbildung rechts).
a) Zeichne den Schaltplan für seinen Versuchsaufbau!

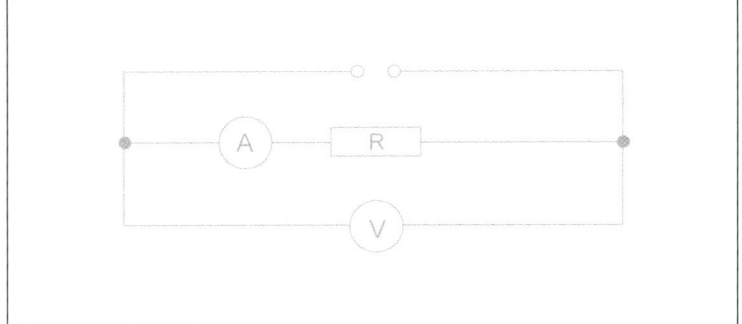

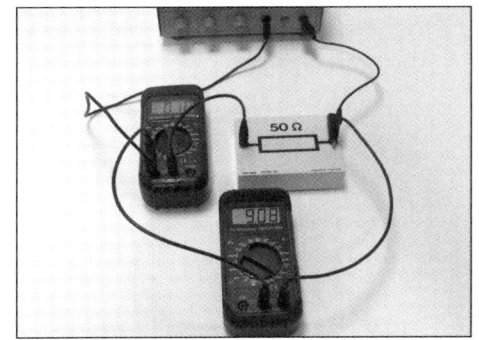

b) Vergleiche die Ideen von Pia und Tim!

Pia schlägt eine spannungsrichtige Schaltung vor: Die gemessene Spannung entspricht derjenigen, die am Widerstand anliegt. Die Stromstärke ist nicht diejenige, die durch den Widerstand fließt, sondern ergibt sich aus der Parallelschaltung von Widerstand und Spannungsmesser. Sie ist also zu groß. Tim misst stromrichtig.

Die gemessene Stromstärke entspricht derjenigen durch den Widerstand. Die Spannung wird aber nicht am Widerstand, sondern über Amperemeter und Widerstand gemessen.

Der Wert ist zu groß.

3. Welche der beiden Lösungen würdest du wählen? Begründe!

Der Widerstand eines Spannungsmessers ist meist viel größer als der des zu messenden Widerstands, d. h., die Stromstärke durch den Spannungsmesser ist sehr klein. Bei der spannungsrichtigen Messung ist der Fehler geringer. Die Wahl fällt auf Pias Schaltung.

| Name: | Klasse: | Kopiervorlage | 32 |

Temperaturabhängigkeit eines Widerstands

Untersuche, wie sich die Stromstärke durch einen Widerstand in Abhängigkeit von der Temperatur ändert!

Vorbereitung:
Beschreibe den Versuchsaufbau in der Abbildung!

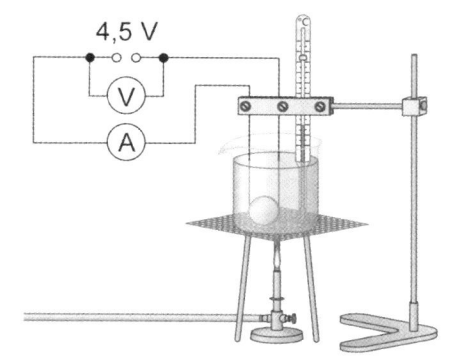

_____

_____

_____

_____

Durchführung:
Die Stromstärke durch den Widerstand wurde in Abhängigkeit von der Temperatur gemessen:

Temperatur in °C	22	25	28	30	35	38	40
Stromstärke in A	0,85	0,98	1,11	1,20	1,46	1,64	1,79

Auswertung:
a) Trage die Messwertepaare in ein ϑ-I-Diagramm ein und zeichne die Kennlinie!
b) Ermittle die jeweiligen Widerstandswerte und ergänze die Messwertetabelle!
c) Zeichne auch die ϑ-R-Kennlinie!

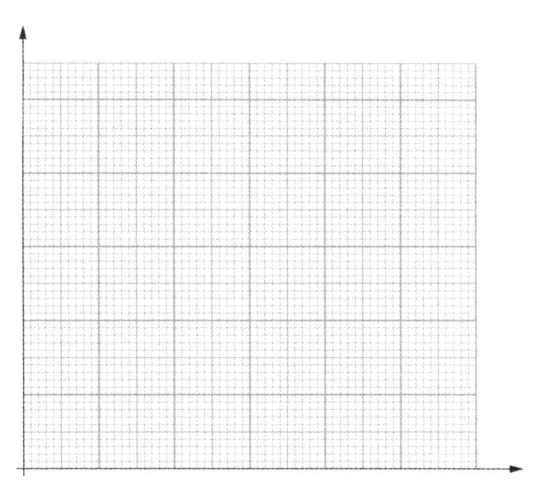

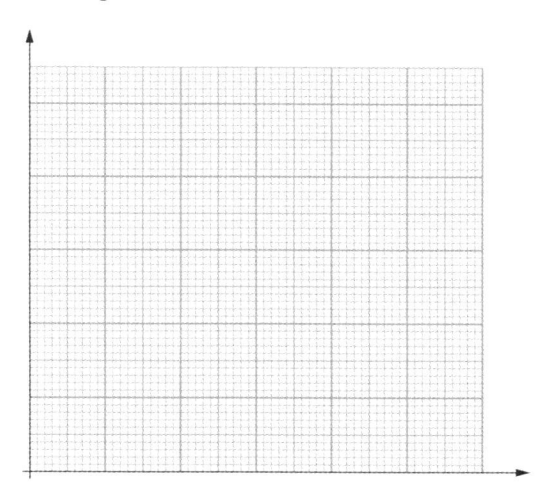

ϑ-I-Diagramm

ϑ-R-Diagramm

d) Ein solcher Widerstand wird **Heißleiter** genannt. Wofür könnte man diesen Heißleiter verwenden?

_____

_____

_____

32 Lösung

Temperaturabhängigkeit eines Widerstands

Untersuche, wie sich die Stromstärke durch einen Widerstand in Abhängigkeit von der Temperatur ändert!

Vorbereitung:
Beschreibe den Versuchsaufbau in der Abbildung!

In einem Stromkreis sind eine 4,5-V-Batterie, ein temperaturabhängiger Widerstand und ein Amperemeter in Reihe geschaltet. Der Widerstand befindet sich in einem Wasserbad, dessen Temperatur mit einem Thermometer gemessen wird. Das Wasserbad wird erwärmt.

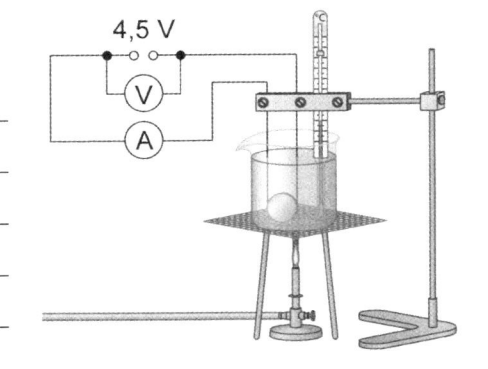

Durchführung:
Die Stromstärke durch den Widerstand wurde in Abhängigkeit von der Temperatur gemessen:

Temperatur in °C	22	25	28	30	35	38	40
Stromstärke in A	0,85	0,98	1,11	1,20	1,46	1,64	1,79
Widerstand in Ω	5,29	4,59	4,05	3,75	3,08	2,74	2,51

Auswertung:
a) Trage die Messwertepaare in ein ϑ-I-Diagramm ein und zeichne die Kennlinie!
b) Ermittle die jeweiligen Widerstandswerte und ergänze die Messwertetabelle!
c) Zeichne auch die ϑ-R-Kennlinie!

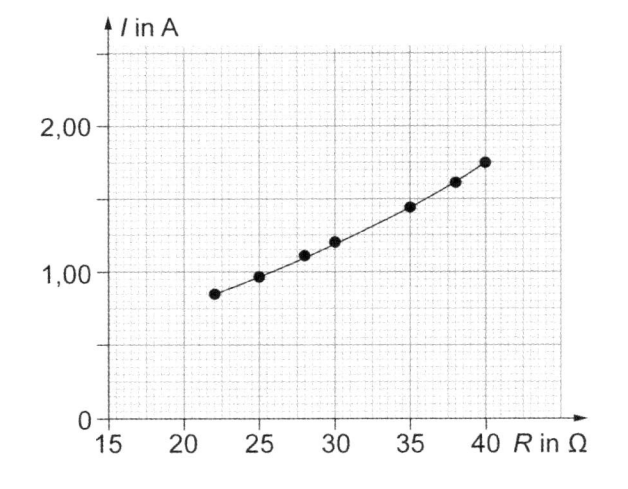

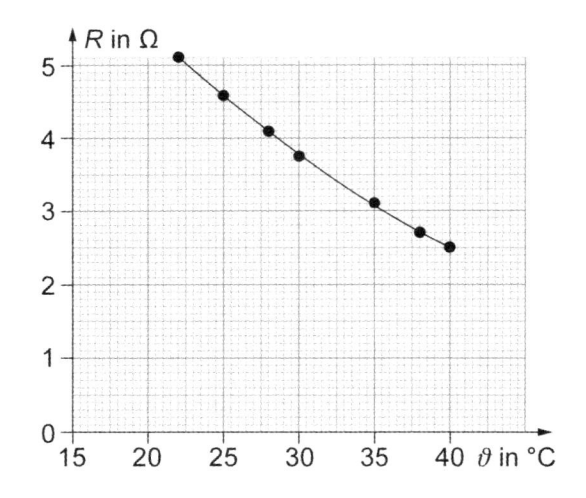

d) Ein solcher Widerstand wird **Heißleiter** genannt. Wofür könnte man diesen Heißleiter verwenden?
Weil man den Zusammenhang zwischen Widerstand und Temperatur kennt, könnte man den Heißleiter zur Temperaturmessung verwenden.

Name: _____ **Klasse:** _____ Kopiervorlage **33**

Stromstärke in unverzweigten Stromkreisen

1. Untersuche experimentell die elektrische Stromstärke in einem unverzweigten Stromkreis!

Vorbereitung:
Zeichne einen Schaltplan für einen unverzweigten Stromkreis mit zwei Widerständen! Zeichne an drei verschiedenen Stellen einen Strommesser ein!

Durchführung:
Baue die Schaltung nach dem Schaltplan auf! Miss für verschiedene Spannungen zunächst I_1 und anschließend I_2 und I_3! Trage deine Messwerte in die Messwertetabelle ein!

Spannung in V	I_1 in mA	I_2 in mA	I_3 in mA

Auswertung:

a) Vergleiche die drei Stromstärken!

I_1 I_2 I_3

b) Welche Schlussfolgerung lässt sich aus dem Experiment für die elektrische Stromstärke im unverzweigten Stromkreis ableiten?

_____

_____

c) Wodurch kann die Genauigkeit der Messergebnisse beeinflusst worden sein?

_____

_____

2. Ergänze an den Schaltplänen die fehlenden Stromstärken!

a) $I_1 =$ ___ $I_2 = 0{,}3$ A $I_3 =$ ___

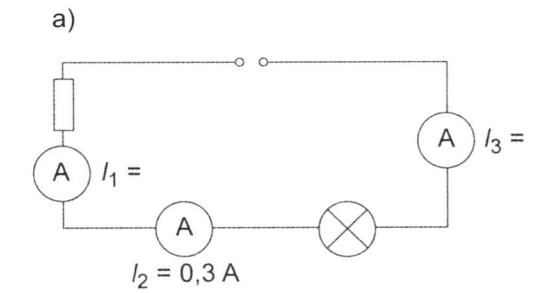

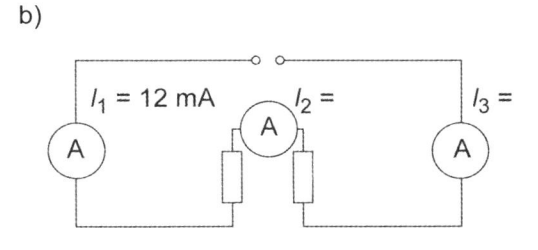

b) $I_1 = 12$ mA $I_2 =$ ___ $I_3 =$ ___

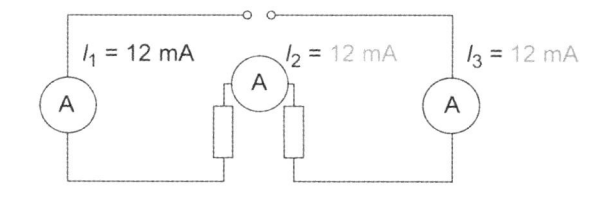

Stromstärke in unverzweigten Stromkreisen

1. Untersuche experimentell die elektrische Stromstärke in einem unverzweigten Stromkreis!

Vorbereitung:
Zeichne einen Schaltplan für einen unverzweigten Stromkreis mit zwei Widerständen! Zeichne an drei verschiedenen Stellen einen Strommesser ein!

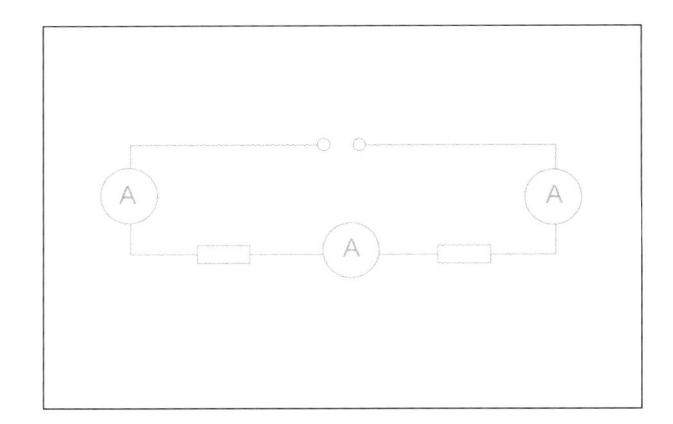

Durchführung:
Baue die Schaltung nach dem Schaltplan auf!
Miss für verschiedene Spannungen zunächst I_1 und anschließend I_2 und I_3!
Trage deine Messwerte in die Messwertetabelle ein!

Spannung in V	I_1 in mA	I_2 in mA	I_3 in mA

Auswertung:

a) Vergleiche die drei Stromstärken!

$$I_1 = I_2 = I_3$$

b) Welche Schlussfolgerung lässt sich aus dem Experiment für die elektrische Stromstärke im unverzweigten Stromkreis ableiten?

In einem unverzweigten Stromkreis ist die Stromstärke überall gleich groß.

c) Wodurch kann die Genauigkeit der Messergebnisse beeinflusst worden sein?
 – *Messgerätefehler des Strommessers*
 – *Ablesefehler beim Messen der Stromstärke*

2. Ergänze an den Schaltplänen die fehlenden Stromstärken!

a) $I_1 = 0{,}3$ A; $I_2 = 0{,}3$ A; $I_3 = 0{,}3$ A

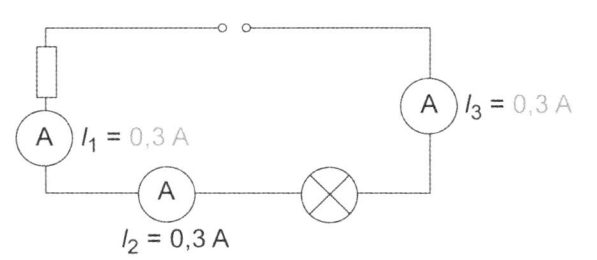

b) $I_1 = 12$ mA; $I_2 = 12$ mA; $I_3 = 12$ mA

| Name: | Klasse: | Kopiervorlage | 34 |

Stromstärke in verzweigten Stromkreisen

1. Untersuche experimentell die elektrische Stromstärke in einem verzweigten Stromkreis!

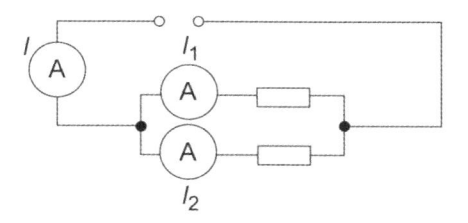

Durchführung:
Baue den Stromkreis nach dem nebenstehenden Schaltplan auf!
Miss für verschiedene Spannungen zunächst I und anschließend I_1 und I_2!
Trage deine Messwerte in die Messwertetabelle ein!

Spannung in V	I in mA	I_1 in mA	I_2 in mA	

Auswertung:

Trage in die letzte Spalte $I_1 + I_2$ ein und vergleiche mit I! Formuliere das Ergebnis!

_____
_____
_____
_____
_____
_____

2. In einem verzweigten Stromkreis befinden sich zwei Widerstände. Für verschiedene Spannungen wurden die jeweiligen Stromstärken gemessen. Ergänze die Tabelle!

I	I_1	I_2	I_3	I_4
0,5 A		0,2 A		
	0,3 A		0,15 A	
		250 mA	450 mA	
0,8 A				175 mA
	250 mA		0,3 A	

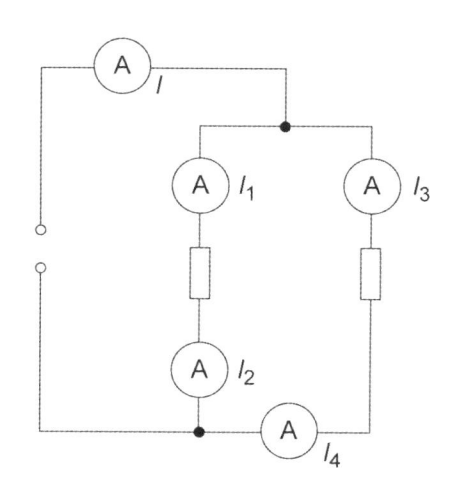

34 Lösung

Stromstärke in verzweigten Stromkreisen

1. Untersuche experimentell die elektrische Stromstärke in einem verzweigten Stromkreis!

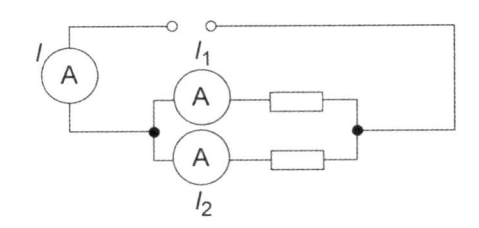

Durchführung:
Baue den Stromkreis nach dem nebenstehenden Schaltplan auf!
Miss für verschiedene Spannungen zunächst I und anschließend I_1 und I_2!
Trage deine Messwerte in die Messwertetabelle ein!

Spannung in V	I in mA	I_1 in mA	I_2 in mA	

Auswertung:

Trage in die letzte Spalte $I_1 + I_2$ ein und vergleiche mit I! Formuliere das Ergebnis!

Der Vergleich von I mit $I_1 + I_2$ ergibt: $I = I_1 + I_2$

In einem verzweigten Stromkreis ist die Gesamtstromstärke gleich der Summe der Teilstromstärken.

2. In einem verzweigten Stromkreis befinden sich zwei Widerstände. Für verschiedene Spannungen wurden die jeweiligen Stromstärken gemessen. Ergänze die Tabelle!

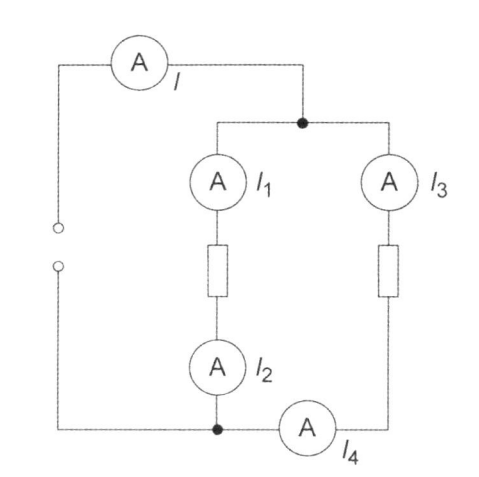

I	I_1	I_2	I_3	I_4
0,5 A	0,2 A	0,2 A	0,3 A	0,3 A
0,45 A	0,3 A	0,3 A	0,15 A	0,15 A
700 mA	250 mA	250 mA	450 mA	450 mA
0,8 A	625 mA	625 mA	175 mA	175 mA
550 mA	250 mA	250 mA	0,3 A	0,3 A

| Name: | Klasse: | Kopiervorlage | 35 |

Spannung in unverzweigten Stromkreisen

1. Bestätige experimentell das Gesetz für die Spannung in einem unverzweigten Stromkreis!

Vorbereitung:
a) Wie lautet das Gesetz?

_____

_____

b) Zeichne einen Schaltplan mit zwei Widerständen!
Füge die Voltmeter an den Stellen ein, an denen die Spannungen gemessen werden müssen!

Durchführung:
a) Baue die Schaltung nach dem Schaltplan auf!
b) Miss die jeweiligen Spannungen und trage sie in die Messwertetabelle ein!

U in V	U_1 in V	U_2 in V

Auswertung:
Was kannst du aus den Messergebnissen schließen? Wurde das Gesetz bestätigt?
Wodurch könnte die Genauigkeit deiner Messung beeinflusst worden sein?

_____

_____

_____

_____

2. Ergänze an den Schaltplänen die fehlenden Spannungen!

a) $U = 12$ V, $U_1 =$, $U_2 = 2{,}6$ V

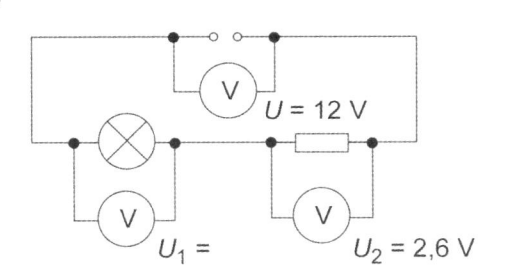

b) 8 V, $U_1 = 3$ V, $U =$, $U_2 =$

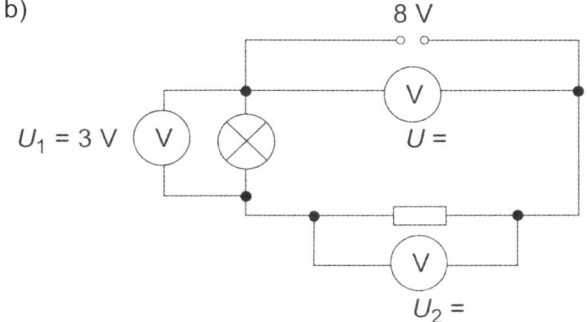

© Duden Paetec GmbH, Berlin. Alle Rechte vorbehalten. Internet: www.duden.de

35 Lösung

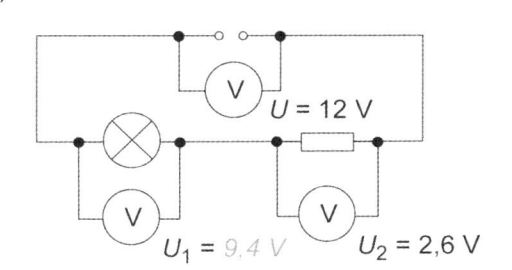

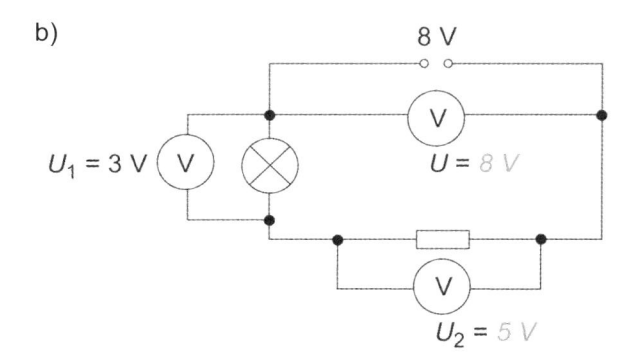

Spannung in unverzweigten Stromkreisen

1. Bestätige experimentell das Gesetz für die Spannung in einem unverzweigten Stromkreis!

Vorbereitung:
a) Wie lautet das Gesetz?

In einem unverzweigten Stromkreis ergibt sich die Gesamtspannung aus den Teilspannungen an den

an den Bauteilen: U = U₁ + U₂ + ...

b) Zeichne einen Schaltplan mit zwei Widerständen! Füge die Voltmeter an den Stellen ein, an denen die Spannungen gemessen werden müssen!

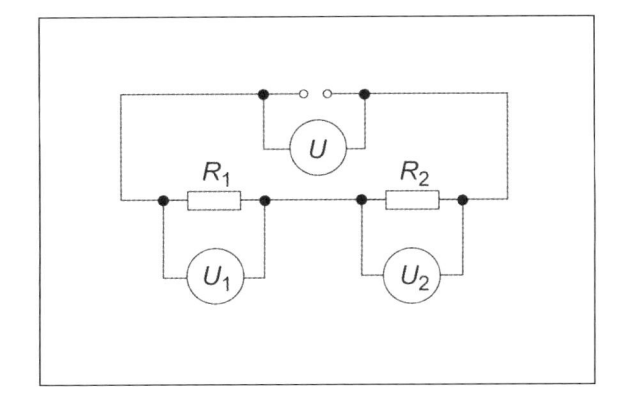

Durchführung:
a) Baue die Schaltung nach dem Schaltplan auf!
b) Miss die jeweiligen Spannungen und trage sie in die Messwertetabelle ein!

U in V	U₁ in V	U₂ in V

Auswertung:
Was kannst du aus den Messergebnissen schließen? Wurde das Gesetz bestätigt? Wodurch könnte die Genauigkeit deiner Messung beeinflusst worden sein?

Im Rahmen der Messgenauigkeiten wird das Gesetz bestätigt.

Ungenauigkeiten können durch Ablesefehler, Fehler der Messgeräte oder Spannungsschwankungen der

elektrischen Quelle entstehen.

2. Ergänze an den Schaltplänen die fehlenden Spannungen!

a) U = 12 V; $U_1 = 9{,}4\ V$; $U_2 = 2{,}6\ V$

b) 8 V; $U_1 = 3\ V$; $U = 8\ V$; $U_2 = 5\ V$

Name: **Klasse:**   Kopiervorlage **36**

Spannung in verzweigten Stromkreisen

1. Untersuche experimentell die elektrische Spannung in einem verzweigten Stromkreis!

Baue die Schaltung nach dem nebenstehenden Schaltplan auf!

Miss nacheinander die drei Spannungen!

Trage die Messwerte in die Tabelle ein!

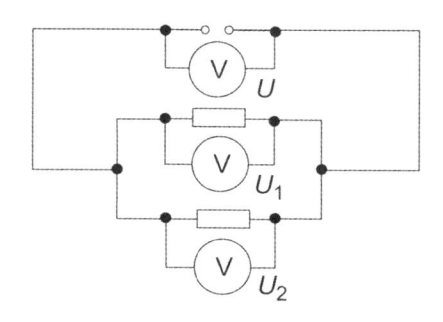

U in V	U_1 in V	U_2 in V

Formuliere das Ergebnis des Vergleichs der Spannungen im verzweigten Stromkreis!

_____

_____

_____

2. Ergänze am Schaltplan die fehlende Spannung!

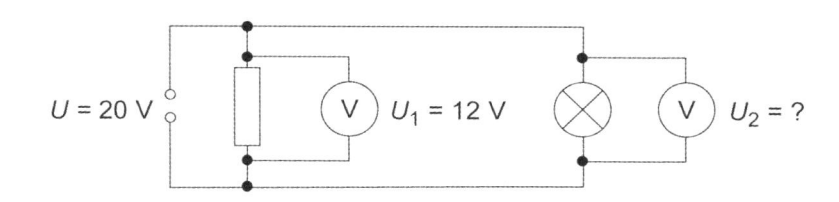

$U = 20$ V $U_1 = 12$ V $U_2 = ?$

3. Sind die Aussagen wahr oder falsch? Kreuze an!

	wahr	falsch
$U = U_1 + U_2 + U_3 + U_4$		
$U = U_1 + U_3 + U_4$		
$U = U_1 + U_2 + U_4$		
$U_2 = U_3$		
$U_1 = U_4$		
$U_4 = U_2 + U_3$		

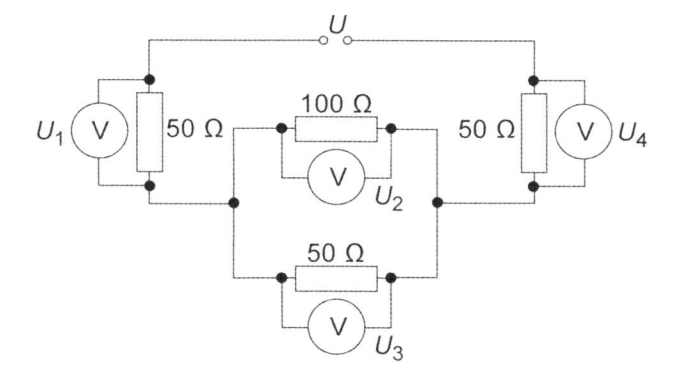

36 Lösung

Spannung in verzweigten Stromkreisen

1. Untersuche experimentell die elektrische Spannung in einem verzweigten Stromkreis!

Baue die Schaltung nach dem nebenstehenden Schaltplan auf!

Miss nacheinander die drei Spannungen!

Trage die Messwerte in die Tabelle ein!

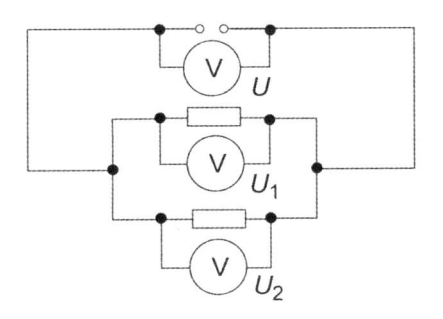

U in V	U_1 in V	U_2 in V

Formuliere das Ergebnis des Vergleichs der Spannungen im verzweigten Stromkreis!

In einem verzweigten Stromkreis ist die Spannung in allen Zweigen gleich groß und gleich der Gesamtspannung. Es gilt: $U = U_1 = U_2$

2. Ergänze am Schaltplan die fehlende Spannung!

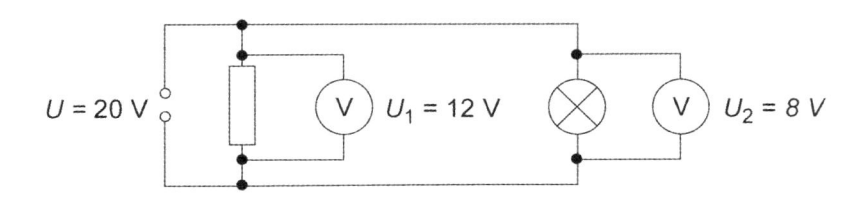

$U = 20$ V, $U_1 = 12$ V, $U_2 = 8$ V

3. Sind die Aussagen wahr oder falsch? Kreuze an!

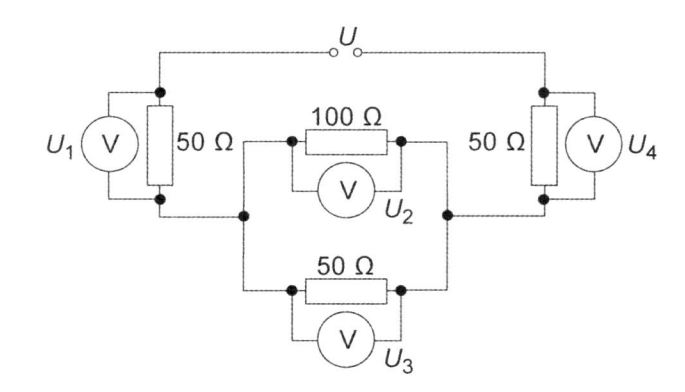

	wahr	falsch
$U = U_1 + U_2 + U_3 + U_4$		X
$U = U_1 + U_3 + U_4$	X	
$U = U_1 + U_2 + U_4$	X	
$U_2 = U_3$		X
$U_1 = U_4$	X	
$U_4 = U_2 + U_3$		X

| Name: | Klasse: | Kopiervorlage | 37 |

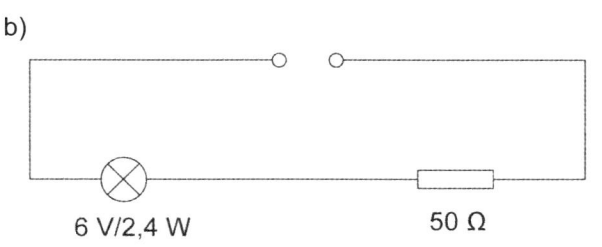

Widerstand in unverzweigten Stromkreisen

1. Bestimme experimentell den Gesamtwiderstand und die Teilwiderstände in einem Stromkreis mit zwei in Reihe geschalteten Bauteilen!

Vorbereitung:
a) Welche Größen müssen gemessen werden, um den elektrischen Widerstand eines Bauteils bestimmen zu können?

_____

_____

_____

b) Entwirf einen Schaltplan!

Durchführung:
Baue die Schaltung nach dem Schaltplan auf und führe die erforderlichen Messungen durch!

Messwerte   Teilwiderstand 1: _____ _____ _____

Teilwiderstand 2: _____ _____ _____

Teilwiderstand 3: _____ _____ _____

a) Vergleiche den Gesamtwiderstand mit der Summe der Teilwiderstände!

_____

_____

b) Wodurch kann die Genauigkeit der Messungen beeinflusst worden sein?

_____

_____

2. Ermittle den Gesamtwiderstand der Reihenschaltung von zwei Bauteilen!

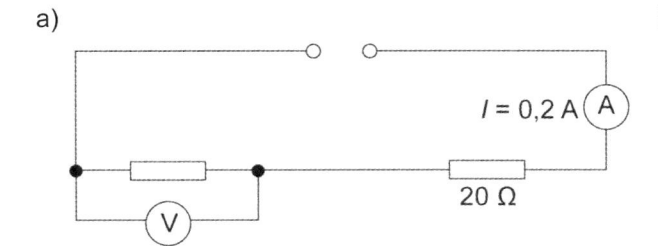

a) $I = 0{,}2$ A, $20\ \Omega$, $U = 3$ V

b) 6 V / 2,4 W, $50\ \Omega$

Widerstand in unverzweigten Stromkreisen

1. Bestimme experimentell den Gesamtwiderstand und die Teilwiderstände in einem Stromkreis mit zwei in Reihe geschalteten Bauteilen!

Vorbereitung:
a) Welche Größen müssen gemessen werden, um den elektrischen Widerstand eines Bauteils bestimmen zu können?

Es müssen Spannung und Stromstärke an den

Widerständen gemessen werden. Oder die

Widerstände werden direkt mit einem Ohm-

meter ermittelt.

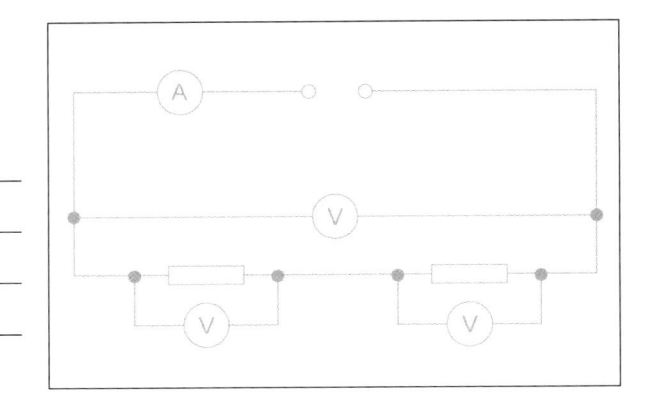

b) Entwirf einen Schaltplan!

Durchführung:
Baue die Schaltung nach dem Schaltplan auf und führe die erforderlichen Messungen durch!

Messwerte Teilwiderstand 1: $U_1 =$ _____ $I_1 =$ _____ $R_1 =$ _____

Teilwiderstand 2: $U_2 =$ _____ $I_2 =$ _____ $R_2 =$ _____

Teilwiderstand 3: $U =$ _____ $I =$ _____ $R =$ _____

a) Vergleiche den Gesamtwiderstand mit der Summe der Teilwiderstände!

Aus dem Experiment ergibt sich: $R = R_1 + R_2$

Der Gesamtwiderstand ist gleich der Summe der Teilwiderstände.

b) Wodurch kann die Genauigkeit der Messungen beeinflusst worden sein?

– *Messinstrumente beeinflussen Spannung bzw. Stromstärke*

– *Messgerätefehler, Ablesefehler*

2. Ermittle den Gesamtwiderstand der Reihenschaltung von zwei Bauteilen!

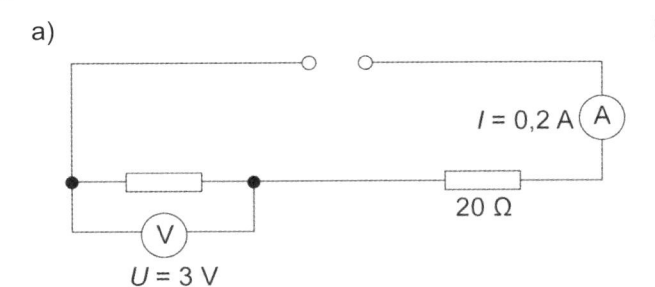

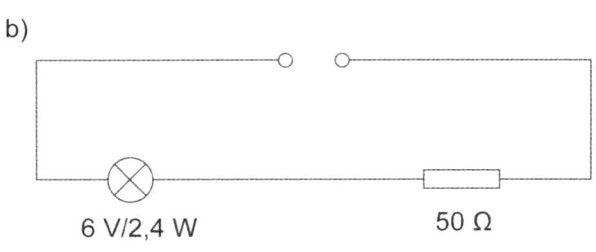

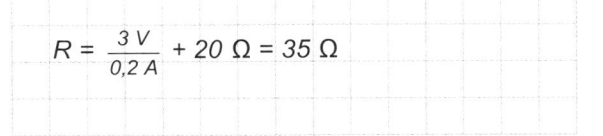

a) $I = 0{,}2$ A; $20\ \Omega$; $U = 3$ V

b) 6 V/2,4 W; $50\ \Omega$

$$R = \frac{3\ V}{0{,}2\ A} + 20\ \Omega = 35\ \Omega$$

$$R = \frac{6\ V}{0{,}4\ A} + 50\ \Omega = 65\ \Omega$$

| Name: | Klasse: | Kopiervorlage 38 |

Widerstand in verzweigten Stromkreisen

Ermittle rechnerisch und experimentell den Gesamtwiderstand von zwei parallel geschalteten Bauteilen mit bekanntem elektrischem Widerstand!

Vorbereitung:
a) Dir stehen zwei Bauteile mit den elektrischen Widerständen $R_1 =$ _____ und $R_2 =$ _____ zur Verfügung. Berechne ihren Gesamtwiderstand bei Parallelschaltung!

b) Entwirf einen Schaltplan zur Bestimmung des elektrischen Widerstands der Parallelschaltung von beiden Bauteilen!

Durchführung:
Baue die Schaltung nach dem Schaltplan auf und führe die Messung durch!

Auswertung:
Messwerte:

a) Ermittle aus den Messwerten den Gesamtwiderstand!

b) Vergleiche den berechneten mit dem experimentell ermittelten Wert! Wodurch kann die Genauigkeit der Messungen beeinflusst worden sein?

Widerstand in verzweigten Stromkreisen

Ermittle rechnerisch und experimentell den Gesamtwiderstand von zwei parallel geschalteten Bauteilen mit bekanntem elektrischem Widerstand!

Vorbereitung:
a) Dir stehen zwei Bauteile mit den elektrischen Widerständen R_1 = __50 Ω__ und R_2 = __100 Ω__ zur Verfügung. Berechne ihren Gesamtwiderstand bei Parallelschaltung!

Gesucht: R
Gegeben: $R_1 = 50\ \Omega$
$R_2 = 100\ \Omega$

Lösung: $R = \dfrac{1}{R_1} + \dfrac{1}{R_2}$

$\dfrac{1}{R} = \dfrac{1}{50\ \Omega} + \dfrac{1}{100\ \Omega}$

$R = 33{,}3\ \Omega$

Der Gesamtwiderstand der beiden Bauteile beträgt 33,3 Ω.

b) Entwirf einen Schaltplan zur Bestimmung des elektrischen Widerstands der Parallelschaltung von beiden Bauteilen!

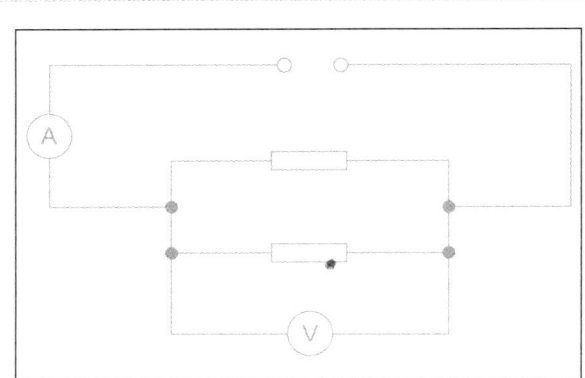

Durchführung:
Baue die Schaltung nach dem Schaltplan auf und führe die Messung durch!

Auswertung:
Messwerte:

$U = 6{,}5\ V$ $I = 193\ mA$

a) Ermittle aus den Messwerten den Gesamtwiderstand!

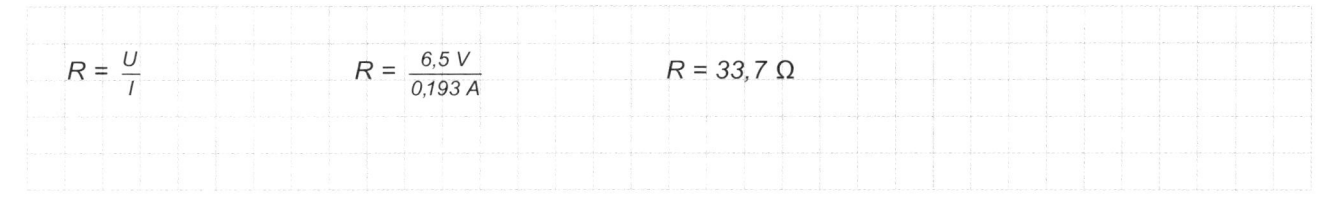

$R = \dfrac{U}{I}$ $R = \dfrac{6{,}5\ V}{0{,}193\ A}$ $R = 33{,}7\ \Omega$

b) Vergleiche den berechneten mit dem experimentell ermittelten Wert! Wodurch kann die Genauigkeit der Messungen beeinflusst worden sein?

Es können Messfehler auftreten, z. B. Ablesefehler, Fehler der Messgeräte.

Berechneter und experimentell ermittelter Wert stimmen annähernd überein.

| Name: | Klasse: | Kopiervorlage | 39 |

Spannungsteiler

1. Den Zusammenhang zwischen Spannungen und Widerständen in einem unverzweigten Stromkreis bezeichnet man als Spannungsteilerregel.
   a) Wie lautet diese Regel?

   _____

   b) Eine Spannungsteilerschaltung soll die angelegte Spannung im Verhältnis 5:1 aufteilen. Wie kann man das erreichen?

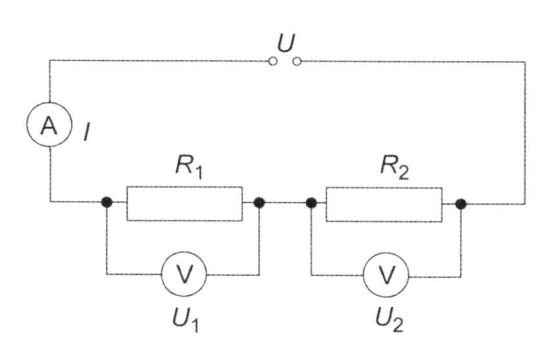

   _____

   c) Leite die Spannungsteilerregel her! Welche Gesetze verwendest du?

   d) Herr Schlaumeyer hat aus den beiden Widerständen einen Stromteiler gebastelt, indem er sie einfach parallel zueinander geschaltet hat. Wie muss seine Stromteilerregel lauten?

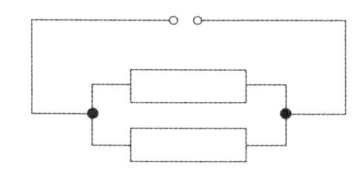

2. Ein Beispiel für eine Spannungsteilerschaltung ist das Potentiometer.
   a) Begründe diese Aussage!

   _____

   b) Was geschieht, wenn der verstellbare Abgriff des Potentiometers nach links oder rechts geschoben wird? Die beiden Lampen sollen gleich sein. Begründe deine Antwort!

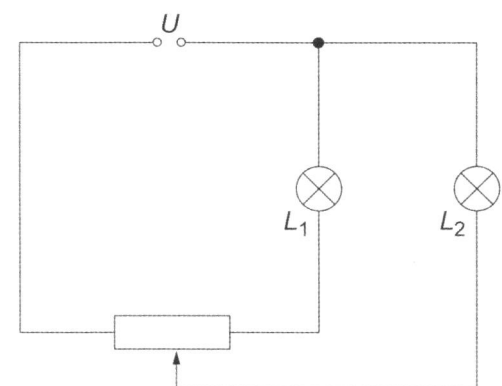

   _____
   _____
   _____
   _____
   _____
   _____
   _____

© Duden Paetec GmbH. Alle Rechte vorbehalten. Internet: www.duden.de

Spannungsteiler

1. Den Zusammenhang zwischen Spannungen und Widerständen in einem unverzweigten Stromkreis bezeichnet man als Spannungsteilerregel.

c) Wie lautet diese Regel?

$$\frac{U_1}{U_2} = \frac{R_1}{R_2}$$

d) Eine Spannungsteilerschaltung soll die angelegte Spannung im Verhältnis 5:1 aufteilen. Wie kann man das erreichen?

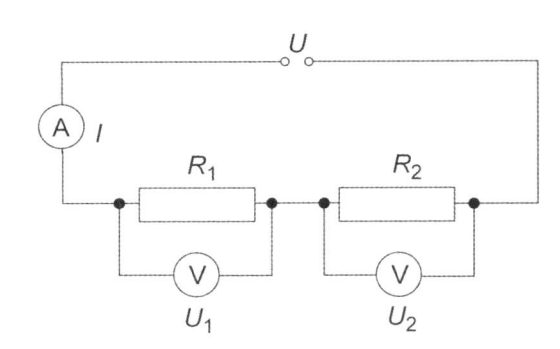

Die Widerstände müssen ebenfalls das Verhältnis 5:1 haben. Beispiel: $R_1 = 50\ \Omega$ und $R_2 = 10\ \Omega$

c) Leite die Spannungsteilerregel her! Welche Gesetze verwendest du?

$$\frac{U_1}{U_2} = \frac{I_1 \cdot R_1}{I_2 \cdot R_2} = \frac{I \cdot R_1}{I \cdot R_2} = \frac{R_1}{R_2}$$

Definition des Widerstands, Gesetz für die Stromstärke bei Reihenschaltung

d) Herr Schlaumeyer hat aus den beiden Widerständen einen Stromteiler gebastelt, indem er sie einfach parallel zueinander geschaltet hat. Wie muss seine Stromteilerregel lauten?

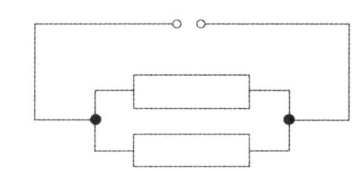

$$\frac{I_1}{I_2} = \frac{\frac{U}{R_1}}{\frac{U}{R_2}} = \frac{U \cdot R_2}{U \cdot R_1} = \frac{R_2}{R_1}$$

2. Ein Beispiel für eine Spannungsteilerschaltung ist das Potentiometer.

a) Begründe diese Aussage!

Bei einem Potentiometer wird der Widerstand durch Verschieben des Mittelabgriffs in zwei Teilwiderstände aufgeteilt. Für die Spannungen an den Teilwiderständen gilt die Spannungsteilerregel.

b) Was geschieht, wenn der verstellbare Abgriff des Potentiometers nach links oder rechts geschoben wird? Die beiden Lampen sollen gleich sein. Begründe deine Antwort!

Vor Lampe L_1 ist immer der Maximalwiderstand des Potentiometers geschaltet. Der Vorwiderstand vor Lampe L_2 ändert sich je nach Position des verstellbaren Abgriffs. Steht der Abgriff ganz links, so ist der Vorwiderstand sehr klein. Die Lampe L_2 leuchtet viel heller als Lampe L_1. Je weiter der Abgriff nach rechts bewegt wird, desto dunkler wird Lampe L_2. Ganz rechts haben beide Lampen die gleiche Helligkeit.

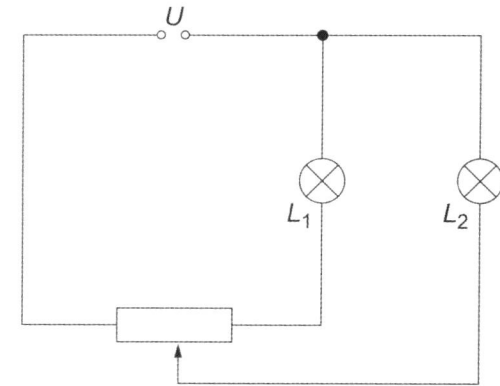

Die elektrische Leistung

1. Suse hat einen Spickzettel für ihren Physiktest geschrieben. Leider ist er etwas nass geworden und daher nicht mehr ganz leserlich. Kannst du ihr helfen? Ergänze!

Formelzeichen: P
Einheit: 1 W (Watt)
zu Ehren von ....

$= \frac{\ldots}{t} = \frac{E}{\ldots}$

$P = \ldots$

2. Bei Experimenten zur Bestimmung der elektrischen Leistung von Heizplatten wurden folgende Messwerte erfasst: $m_1 = m_2$, $t_1 = t_2$

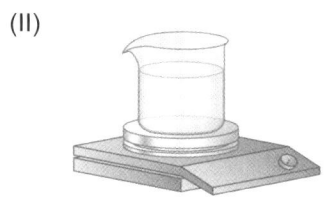

(I) $I_I = 1{,}4$ A
$U = 230$ V

(II) $I_{II} = 4{,}2$ A
$U = 230$ V

a) Entscheide anhand der Messwerte, welche der beiden Heizplatten die größere elektrische Leistung hat!

b) Überprüfe deine Entscheidung durch Rechnung!

3. Bei einem Blitz werden Spannungsdifferenzen von etwa 10 Millionen Volt abgebaut. Dabei fließt während ca. 0,0 004 s eine Stromstärke von ca. 20 000 A.

a) Welche Leistung wird beim Blitzschlag umgesetzt?

b) Vergleiche diese Leistung mit der Leistung eines Kraftwerks in deiner Nähe!

40 Lösung

Die elektrische Leistung

1. Suse hat einen Spickzettel für ihren Physiktest geschrieben. Leider ist er etwas nass geworden und daher nicht mehr ganz leserlich. Kannst du ihr helfen? Ergänze!

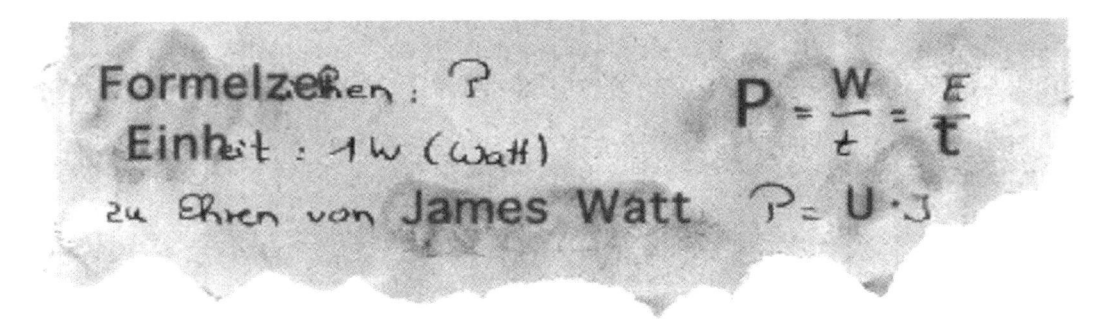

Formelzeichen: P
Einheit: 1 W (Watt)
zu Ehren von James Watt

$$P = \frac{W}{t} = \frac{E}{t}$$

$$P = U \cdot I$$

2. Bei Experimenten zur Bestimmung der elektrischen Leistung von Heizplatten wurden folgende Messwerte erfasst: $m_1 = m_2$, $t_1 = t_2$

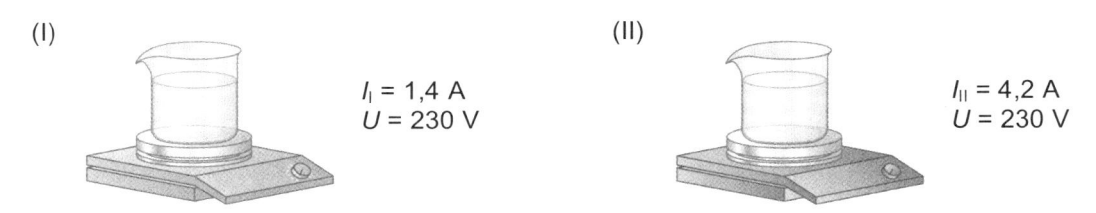

(I) $I_I = 1{,}4$ A ; $U = 230$ V

(II) $I_{II} = 4{,}2$ A ; $U = 230$ V

a) Entscheide anhand der Messwerte, welche der beiden Heizplatten die größere elektrische Leistung hat!

Heizplatte (II) hat die größere Leistung. Bei konstanter Spannung gilt: $P \sim I$

Der Strom durch (II) ist bei gleichen Bedingungen größer als der Strom durch (I).

b) Überprüfe deine Entscheidung durch Rechnung!

Gesucht: P_I, P_{II}
Gegeben: $I_I = 1{,}4$ A
$I_{II} = 4{,}2$ A
$U = 230$ V

Lösung: $P = U \cdot I$
$P_I = 1{,}4\ A \cdot 230\ V = 322\ W$
$P_{II} = 4{,}2\ A \cdot 230\ V = 966\ W$

3. Bei einem Blitz werden Spannungsdifferenzen von etwa 10 Millionen Volt abgebaut. Dabei fließt während ca. 0,0 004 s eine Stromstärke von ca. 20 000 A.

a) Welche Leistung wird beim Blitzschlag umgesetzt?

$P = U \cdot I = 10 \cdot 10^6\ V \cdot 20\,000\ A = 2 \cdot 10^{11}\ W$

b) Vergleiche diese Leistung mit der Leistung eines Kraftwerks in deiner Nähe!

Die meisten Kraftwerke haben Leistungen im MW-Bereich, d. h. deutlich geringere Leistungen als ein Blitz sie kurzzeitig hat.

Leistungsaufnahme eines Widerstands

Auf vielen Geräten ist die Leistung bei Betriebsspannung angegeben. Aber welche Leistung hat ein ohmscher Widerstand bei unterschiedlichen Spannungen?
Untersuche die Leistungsaufnahme eines 100-Ohm-Widerstands!

Vorbereitung:
Zeichne einen Schaltplan!
Welche Größen müssen gemessen werden?

Durchführung:
a) Baue die Schaltung auf! Miss die Stromstärke für Spannungen zwischen 0 V und 10 V!
b) Trage deine Messungen in die Tabelle ein!

U in V								
I in mA								
$P_{gemessen}$ in W								
$P_{berechnet}$ in W								

Auswertung:
a) Berechne die jeweiligen Leistungen aus den gemessenen Werten und ergänze die Tabelle!
b) Zeichne das U-P-Diagramm!
c) Welchen Zusammenhang zwischen U und P vermutest du?

_____

d) Die Leistung kann auch aus R und U berechnet werden. Gib die Gleichung an!

_____

e) Berechne mit dieser Gleichung die Leistung und ergänze die letzte Zeile der Tabelle!
f) Trage die berechneten Werte für die Leistungen mit einer anderen Farbe in das Diagramm ein und vergleiche die beiden Graphen!

_____

41 Lösung

Leistungsaufnahme eines Widerstands

Auf vielen Geräten ist die Leistung bei Betriebsspannung angegeben. Aber welche Leistung hat ein ohmscher Widerstand bei unterschiedlichen Spannungen?
Untersuche die Leistungsaufnahme eines 100-Ohm-Widerstands!

Vorbereitung:
Zeichne einen Schaltplan!
Welche Größen müssen gemessen werden?

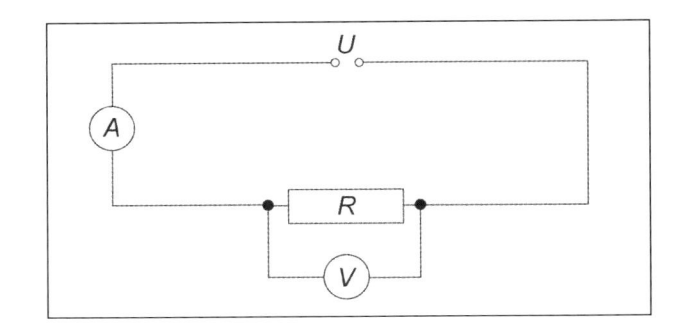

Durchführung:
a) Baue die Schaltung auf! Miss die Stromstärke für Spannungen zwischen 0 V und 10 V.
b) Trage deine Messungen in die Tabelle ein!

U in V	0	2	4	5	6	8	9	10
I in mA								
$P_{gemessen}$ in W								
$P_{berechnet}$ in W	0	0,04	0,16	0,25	0,36	0,64	0,81	1,00

Auswertung:
a) Berechne die jeweiligen Leistungen aus den gemessenen Werten und ergänze die Tabelle!
b) Zeichne das U-P-Diagramm!
c) Welchen Zusammenhang zwischen U und P vermutest du?

  Es könnte eine Parabel sein, d. h. der

  Zusammenhang wäre quadratisch.

d) Die Leistung kann auch aus R und U berechnet werden. Gib die Gleichung an!

  $$P = U \cdot I = U \cdot \frac{U}{R} = \frac{U^2}{R}$$

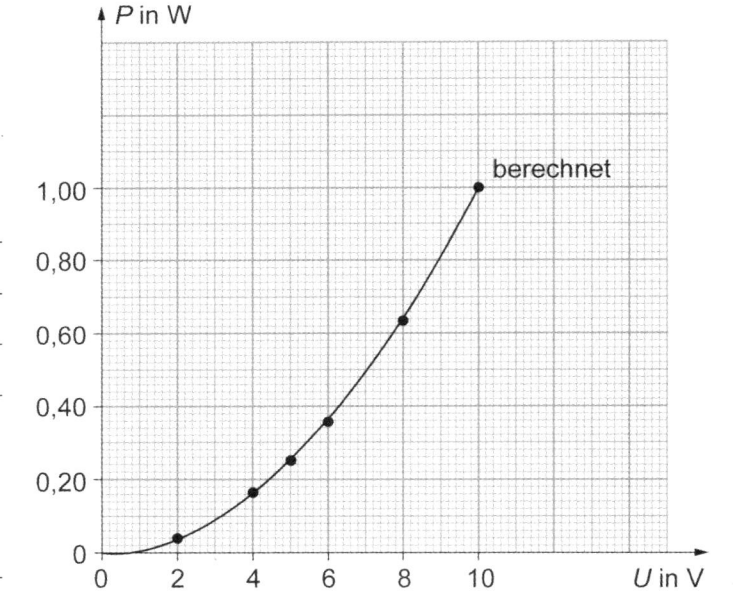

e) Berechne mit dieser Gleichung die Leistung und ergänze die letzte Zeile der Tabelle!
f) Trage die berechneten Werte für die Leistungen mit einer anderen Farbe in das Diagramm ein und vergleiche die beiden Graphen!

  Aufgrund der Messungenauigkeiten weichen die beiden Graphen etwas voneinander ab.

| Name: | Klasse: | Kopiervorlage | 42 |

Energierechnung

1. Viele Gebäude haben Solarzellen auf dem Dach. In diesem Fall gibt es zwei Elektrizitätszähler, einen für die umgewandelte Energie (links) und einen für die erwirtschaftete Energie durch die Solarzellen (rechts).
a) Gib für beide Zähler an, wie groß die elektrische Energie ist, die seit dem Einbau gezählt wurde!

Zähler links: 28664,4 kWh — Energie: _____

Zähler rechts: 13771,5 kWh — Energie: _____

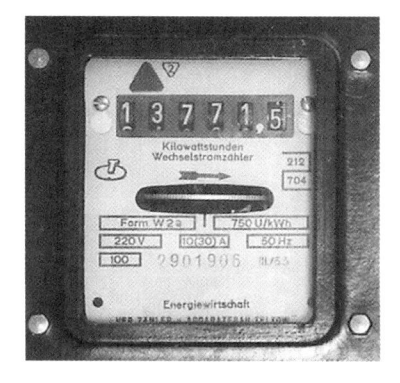

b) Berechne den Betrag, der für Energie ausgegeben wurde, wenn eine umgewandelte Kilowattstunde 0,19 € kostet! Für eine erwirtschaftete Kilowattstunde wird 0,25 € bezahlt. Wie groß ist der erwirtschaftete Betrag?

2. Die Abbildung zeigt einen Teil einer „Rechnung für Energielieferung", wie sie jeder Haushalt erhält. Die Daten sind nicht ganz vollständig.

3. Rechnungsbetrags-Ermittlung

Pos.	Anzahl Einheiten kWh 14	Einzel- preis Euro 15	Zwischen- summe Euro 16	Leistungs- preis Euro 17	Netto + Rech- nungsbetrag Euro 19	Ausgleichsabgabe %	Euro 20	Zwischen- summe Euro 21	Umsatzsteuer %	Euro 22	Rechnungs- betrag Euro 23
1	780,0	0,18		75,00		0,00	0,00		19,00		

a) Ergänze die Spalten 16 (Zwischensumme), 19 (Netto-Rechnungsbetrag), 21 (Zwischensumme), 22 (Umsatzsteuer) und 23 (Rechnungsbetrag).
b) Ein Vier-Personen-Haushalt in Deutschland verbraucht im Jahr durchschnittlich 4 500 kWh. Wie hoch sind die Kosten, wenn man von dem jetzt gültigen Preis für eine Kilowattstunde ausgeht?

c) Wie hoch ist der Elektroenergieverbrauch pro Jahr in deinem Haushalt? Vergleiche mit dem deutschen Durchschnitt!

42 Lösung

Energierechnung

1. Viele Gebäude haben Solarzellen auf dem Dach. In diesem Fall gibt es zwei Elektrizitätszähler, einen für die umgewandelte Energie (links) und einen für die erwirtschaftete Energie durch die Solarzellen (rechts).
a) Gib für beide Zähler an, wie groß die elektrische Energie ist, die seit dem Einbau gezählt wurde!

Energie: 28 664,4 kWh

Energie: 13 771,5 kWh

b) Berechne den Betrag, der für Energie ausgegeben wurde, wenn eine umgewandelte Kilowattstunde 0,19 € kostet! Für eine erwirtschaftete Kilowattstunde wird 0,25 € bezahlt. Wie groß ist der erwirtschaftete Betrag?

Ausgegebener Betrag: 28 664,4 kWh · 0,19 €/kWh = 5 446,24 €

Erwirtschafteter Betrag: 13 771,5 kWh · 0,25 €/kWh = 3 442,88 €

2. Die Abbildung zeigt einen Teil einer „Rechnung für Energielieferung", wie sie jeder Haushalt erhält. Die Daten sind nicht ganz vollständig.

3. Rechnungsbetrags-Ermittlung

Pos.	Anzahl Einheiten kWh 14	Einzel- preis Euro 15	Zwischen- summe Euro 16	Leistungs- preis Euro 17	Netto + Rech- nungsbetrag Euro 19	Ausgleichsabgabe % 20	Euro	Zwischen- summe Euro 21	Umsatzsteuer % 22	Euro	Rechnungs- betrag Euro 23
1	780,0	0,18	140,40	75,00	240,40	0,00	0,00	215,40	19,00	40,93	256,33

a) Ergänze die Spalten 16 (Zwischensumme), 19 (Netto-Rechnungsbetrag), 21 (Zwischensumme), 22 (Umsatzsteuer) und 23 (Rechnungsbetrag).
b) Ein Vier-Personen-Haushalt in Deutschland verbraucht im Jahr durchschnittlich 4 500 kWh. Wie hoch sind die Kosten, wenn man von dem jetzt gültigen Preis für eine Kilowattstunde ausgeht?

2 850 kWh   Zwischensumme: 513,00 €   Leistungspreis: 75,00 €

Netto + Rechnungsbetrag: 588,00 €   Umsatzsteuer: 111,72 €

Rechnungsbetrag: 699,72 €

c) Wie hoch ist der Elektroenergieverbrauch pro Jahr in deinem Haushalt? Vergleiche mit dem deutschen Durchschnitt!

| Name: | | Klasse: | Kopiervorlage 43 |

Elektrische Energie und Leistung

1. Vergleiche Gesamtkosten, die beim Betrieb von acht Glühlampen und einer Energiesparlampe gleicher Helligkeit bei 8 000 Betriebsstunden entstehen! Ergänze die fehlenden Werte! 1 kWh kostet 0,18 Euro.

Lampenart	mittlere Lebensdauer	elektrische Leistung	Anzahl der erforderlichen Lampen	Kaufpreis	genutzte elektrische Energie bei 8000 h	Kosten für die genutzte elektrische Energie	Gesamtkosten
(Glühlampe)	1000 h	60 W	8				
(Energiesparlampe)	8000 h	15 W	1				

2. Ergänze die in der Tabelle fehlenden Werte für verschiedene elektrische Geräte! Fülle die letzten beiden Zeilen für Geräte aus, die du zu Hause nutzt!

Gerät	Spannung U	Stromstärke I	Leistung P	Genutzte Energie E bei 1 h Betrieb
Energiesparlampe	230 V		15 W	
Fahrradscheinwerfer	6 V		2,4 W	
Heizplatte	230 V	4,35 A		
Fernsehgerät	230 V		80 W	
Taschenrechner	3 V		0,3 mW	

3. Bestimme experimentell die elektrische Leistung einer Glühlampe!

Vorbereitung:
a) Welche physikalischen Größen muss man messen, um die elektrische Leistung bestimmen zu können?
_____

b) Entwirf einen Schaltplan zur Bestimmung der elektrischen Leistung einer Glühlampe!

Durchführung:
Baue die Experimentieranordnung nach dem Schaltplan auf! Führe die erforderlichen Messungen durch!

Auswertung:
Messwerte:_____ Berechnen der Leistung:_____

Ergebnis: _____

43 Lösung

Elektrische Energie und Leistung

1. Vergleiche Gesamtkosten, die beim Betrieb von acht Glühlampen und einer Energiesparlampe gleicher Helligkeit bei 8000 Betriebsstunden entstehen! Ergänze die fehlenden Werte! 1 kWh kostet 0,18 Euro.

Lampenart	mittlere Lebensdauer	elektrische Leistung	Anzahl der erforderlichen Lampen	Kaufpreis	genutzte elektrische Energie bei 8000 h	Kosten für die genutzte elektrische Energie	Gesamtkosten
💡	1000 h	60 W	8	ca. 2 €	480 kWh	86,40 €	102,40 €
	8000 h	15 W	1	ca. 12 €	120 kWh	21,60 €	33,60 €

2. Ergänze die in der Tabelle fehlenden Werte für verschiedene elektrische Geräte! Fülle die letzten beiden Zeilen für Geräte aus, die du zu Hause nutzt!

Gerät	Spannung U	Stromstärke I	Leistung P	Genutzte Energie E bei 1 h Betrieb
Energiesparlampe	230 V	0,065 A	15 W	0,015 kWh
Fahrradscheinwerfer	6 V	0,4 A	2,4 W	0,0024 kWh
Heizplatte	230 V	4,35 A	1000 W	1 kWh
Fernsehgerät	230 V	0,35 A	80 W	0,08 kWh
Taschenrechner	3 V	0,1 mA	0,3 mW	1,08 kWh

3. Bestimme experimentell die elektrische Leistung einer Glühlampe!

Vorbereitung:
a) Welche physikalischen Größen muss man messen, um die elektrische Leistung bestimmen zu können?

   Spannung U, Stromstärke I

b) Entwirf einen Schaltplan zur Bestimmung der elektrischen Leistung einer Glühlampe!

Durchführung:
Baue die Experimentieranordnung nach dem Schaltplan auf! Führe die erforderlichen Messungen durch!

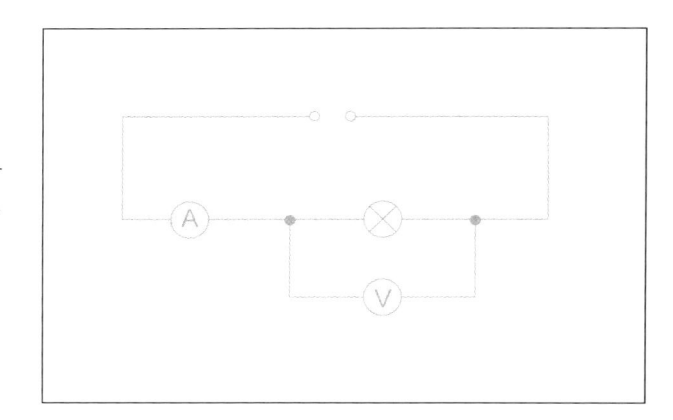

Auswertung:
Messwerte: $U =$ _____ $I =$ _____ Berechnen der Leistung: $P = U \cdot I$

Ergebnis: _____

| Name: | Klasse: | Kopiervorlage | 44 |

Energie sparen

Im Haushalt sind viele Energieeinsparungen möglich. In der folgenden Übersicht sind einige Möglichkeiten genannt. Ergänze diese Übersicht! Nenne dabei auch Möglichkeiten, wie du selbst Energie sparen kannst!

Bereich	Sparmöglichkeiten	Maßnahmen
Raumheizung	Eine Verringerung der Raumtemperatur um 1 K spart ca. 6 % der Heizkosten.	
Warmwasser	Ein Vollbad kostet ca. dreimal so viel Energie wie ein Duschbad von sechs Minuten.	
Waschen/ Geschirrspülen	Öko-Spar-Modelle von Waschmaschinen und Geschirrspülern brauchen bis zu 30 % weniger Energie und bis zu 40 % weniger Wasser.	
Fernsehen/ Radio/ Video-/DVD-Player	Bei Stand-by-Schaltungen wird Energie verbraucht, z. B. bei einem Fernsehgerät 0,01 bis 0,05 kWh.	
Kühlschrank	Mit Verringerung der Umgebungstemperatur sinkt der Stromverbrauch. Eine Erhöhung der Innentemperatur von 5 auf 7 °C spart ca. 15 % Elektroenergie.	
Kochen/ Backen/ Braten	Der Energieverbrauch ist in hohem Maße von der richtigen Auswahl der Töpfe und dem zweckmäßigen Umgang mit Heizgeräten abhängig.	
Beleuchtung	Eine Energiesparlampe von 20 W leuchtet ebenso hell wie eine Glühlampe von 100 W.	

© Duden Paetec GmbH. Alle Rechte vorbehalten. Internet: www.duden.de

Energie sparen

Im Haushalt sind viele Energieeinsparungen möglich. In der folgenden Übersicht sind einige Möglichkeiten genannt. Ergänze diese Übersicht! Nenne dabei auch Möglichkeiten, wie du selbst Energie sparen kannst!

Bereich	Sparmöglichkeiten	Maßnahmen
Raumheizung	Eine Verringerung der Raumtemperatur um 1 K spart ca. 6 % der Heizkosten.	– *Raumtemperatur verringern* – *nachts Raumtemperatur absenken* – *kurz und intensiv lüften* – *Wärmeaustausch mit der Umgebung verringern*
Warmwasser	Ein Vollbad kostet ca. dreimal so viel Energie wie ein Duschbad von sechs Minuten.	– *Duschen statt Baden* – *kurz duschen*
Waschen/ Geschirrspülen	Öko-Spar-Modelle von Waschmaschinen und Geschirrspülern brauchen bis zu 30 % weniger Energie und bis zu 40 % weniger Wasser.	– *moderne Maschinen einsetzen* – *Kapazität der Maschinen ausnutzen* – *Waschtemperatur niedrig halten*
Fernsehen/ Radio/ Video-/DVD-Player	Bei Stand-by-Schaltungen wird Energie verbraucht, z. B. bei einem Fernsehgerät 0,01 bis 0,05 kWh.	*Geräte nicht längere Zeit im Stand-by-Betrieb laufen lassen*
Kühlschrank	Mit Verringerung der Umgebungstemperatur sinkt der Stromverbrauch. Eine Erhöhung der Innentemperatur von 5 auf 7 °C spart ca. 15 % Elektroenergie.	– *Kühlschrank nicht in die Nähe einer Heizung stellen* – *geringere Raumtemperatur wählen* – *Innentemperatur nicht zu niedrig wählen*
Kochen/ Backen/ Braten	Der Energieverbrauch ist in hohem Maße von der richtigen Auswahl der Töpfe und dem zweckmäßigen Umgang mit Heizgeräten abhängig.	– *richtige Topfgröße wählen* – *Deckel auf den Topf* – *zweckmäßige Heizstufen wählen*
Beleuchtung	Eine Energiesparlampe von 20 W leuchtet ebenso hell wie eine Glühlampe von 100 W.	– *Energiesparlampen nutzen* – *Raumbeleuchtung nur dort, wo sie erforderlich ist*

| Name: | Klasse: | Kopiervorlage | 45 |

Der Wirkungsgrad

1. Der Wirkungsgrad η gibt an, welcher Anteil der zugeführten Energie E_{zu} in nutzbringende Energie E_{nutz} umgewandelt wird. Er lässt sich mit folgender Gleichung berechnen:

$$\eta = \frac{E_{nutz}}{E_{zu}}$$

a) Eine Glühlampe befindet sich in einem geschlossenen Stromkreis. Benenne die zugeführte und die nutzbringende Energie!

b) Eine Glühlampe hat einen Wirkungsgrad von 0,05 bzw. 5 %. Was bedeutet diese Aussage?

c) In Europa werden Glühlampen abgeschafft. Sie sind durch Energiesparlampen zu ersetzen. Begründe diese Entscheidung!

d) Recherchiere die Wirkungsgrade der folgenden Geräte!

Gerät	Solarzelle	Benzinmotor	Dieselmotor	Elektromotor	Generator
Wirkungsgrad					

2. Ein Föhn wird mit 230 V betrieben. Er hat einen Innenwiderstand von 46 Ohm. Sein Wirkungsgrad beträgt 55 %.

a) Welche elektrische Leistung nimmt der Föhn auf?

b) 60 % dieser elektrischen Leistung nimmt die Heizwendel auf, 40 % der Ventilator. Welche Leistung wird letztendlich zur Erwärmung der Luft genutzt?

45 Lösung

Der Wirkungsgrad

1. Der Wirkungsgrad η gibt an, welcher Anteil der zugeführten Energie E_{zu} in nutzbringende Energie E_{nutz} umgewandelt wird. Er lässt sich mit folgender Gleichung berechnen:

$$\eta = \frac{E_{nutz}}{E_{zu}}$$

a) Eine Glühlampe befindet sich in einem geschlossenen Stromkreis. Benenne die zugeführte und die nutzbringende Energie!

Die elektrische Energie ist die zugeführte Energie, die nutzbringende Energie ist die Lichtenergie.

b) Eine Glühlampe hat einen Wirkungsgrad von 0,05 bzw. 5 %. Was bedeutet diese Aussage?

Nur 5 % der zugeführten elektrischen Energie werden in Lichtenergie umgewandelt. 95 % werden in Form von Wärme an die Umgebung abgegeben. Dieser Anteil zugeführter Energie ist entwertet.

c) In Europa werden Glühlampen abgeschafft. Sie sind durch Energiesparlampen zu ersetzen. Begründe diese Entscheidung!

Der Wirkungsgrad von Glühlampen ist extrem niedrig. Da viele Lampen im Einsatz sind, ist der Anteil an „verlorener" Energie sehr groß. Es ist daher sinnvoll, zur Beleuchtung Energiesparlampen einzusetzen. Um die gleiche Menge an Licht zu erhalten, muss einer Energiesparlampe nur ein Fünftel der Energie zugeführt werden, die bei einer Glühlampe erforderlich wäre.

d) Recherchiere die Wirkungsgrade der folgenden Geräte!

Gerät	Solarzelle	Benzinmotor	Dieselmotor	Elektromotor	Generator
Wirkungsgrad	12 %	< 30 %	< 40 %	< 90 %	< 99 %

2. Ein Föhn wird mit 230 V betrieben. Er hat einen Innenwiderstand von 46 Ohm. Sein Wirkungsgrad beträgt 55 %.

a) Welche elektrische Leistung nimmt der Föhn auf?

$$P = U \cdot I = U \cdot \frac{U}{R} = \frac{U^2}{R} = \frac{(230\ V)^2}{65\ \Omega} = 813{,}8\ W$$

b) 60 % dieser elektrischen Leistung nimmt die Heizwendel auf, 40 % der Ventilator. Welche Leistung wird letztendlich zur Erwärmung der Luft genutzt?

Leistung P_{zu}, die die Heizwendel aufnimmt: $P_{zu} = 0{,}6 \cdot P = 0{,}6 \cdot 813{,}8\ W = 488{,}3\ W$

Leistung P_{nutz}, mit der die Luft erwärmt wird:

$$\eta = \frac{E_{nutz}}{E_{zu}} = \frac{P_{nutz} \cdot t}{P_{zu} \cdot t} = \frac{P_{nutz}}{P_{zu}} \qquad P_{nutz} = P_{zu} \cdot \eta = 488{,}3\ W \cdot 0{,}55 = 268{,}6\ W$$

| Name: | | | | Klasse: | | | Kopiervorlage | | 46 |

Größen – Einheiten – Gleichungen

1. Im folgenden Rätsel verstecken sich neun physikalische Größen und ihre Einheiten. Sie können von rechts, von links, von oben, von unten oder auch diagonal geschrieben sein. Finde sie und rahme sie ein!

S	P	A	N	N	U	N	G	C	X	T	O
Y	T	B	J	E	I	G	R	E	N	E	P
D	H	R	L	O	P	F	E	R	T	L	I
N	Q	A	O	H	M	A	T	Z	E	E	F
A	W	J	L	M	I	T	T	I	D	A	Y
T	G	O	V	X	S	Y	S	W	T	J	I
S	I	U	D	F	V	T	E	E	I	P	A
R	S	L	X	H	U	P	A	F	E	I	M
E	T	E	F	N	I	T	Z	E	B	Q	P
D	N	B	G	R	R	L	K	U	R	Z	E
I	M	E	L	E	I	O	U	R	A	K	R
W	A	T	T	G	X	V	S	A	P	G	E

Physikalische Größe						
Einheit						

2. Versehentlich haben sich unter die Gleichungen einige falsche eingeschlichen. Finde und markiere sie!

$P = R \cdot I^2$

$E = \dfrac{U^2}{R}$

$E = \dfrac{W}{t}$

$P = U \cdot I \cdot t$

$E = W \cdot t$

$P = U \cdot I$

$P = W \cdot t$

$P = \dfrac{R}{I^2}$

$P = \dfrac{E}{t}$

$P = \dfrac{U^2}{R} \cdot t$

$E = \dfrac{U^2}{R} \cdot t$

$W = U \cdot I \cdot t$

46 Lösung

Größen – Einheiten – Gleichungen

1. Im folgenden Rätsel verstecken sich neun physikalische Größen und ihre Einheiten. Sie können von rechts, von links, von oben, von unten oder auch diagonal geschrieben sein. Finde sie und rahme sie ein!

S	P	A	N	N	U	N	G	C	X	T	O
Y	T	B	J	E	I	G	R	E	N	E	P
D	H	R	L	O	P	F	E	R	T	L	I
N	Q	A	O	H	M	A	T	Z	E	E	F
A	W	J	L	M	I	T	T	I	D	A	Y
T	G	O	V	X	S	Y	S	W	T	J	I
S	I	U	D	F	V	T	E	E	I	P	A
R	S	L	X	H	U	P	A	F	E	I	M
E	T	E	F	N	I	T	Z	E	B	Q	P
D	N	B	G	R	R	L	K	U	R	Z	E
I	M	E	L	E	I	O	U	R	A	K	R
W	A	T	T	G	X	V	S	A	P	G	E

Physikalische Größe	Spannung	Stromstärke	Widerstand	Leistung	Energie	Arbeit
Einheit	Volt	Ampere	Ohm	Watt	Joule	

2. Versehentlich haben sich unter die Gleichungen einige falsche eingeschlichen. Finde und markiere sie!

$P = R \cdot I^2$

$\cancel{E = \dfrac{U^2}{R}}$

$\cancel{E = \dfrac{W}{t}}$

$\cancel{P = U \cdot I \cdot t}$

$\cancel{E = W \cdot t}$

$P = U \cdot I$

$\cancel{P = W \cdot t}$

$\cancel{P = \dfrac{R}{I^2}}$

$P = \dfrac{E}{t}$

$\cancel{P = \dfrac{U^2}{R} \cdot t}$

$E = \dfrac{U^2}{R} \cdot t$

$W = U \cdot I \cdot t$